KB146226

서울은 도시가 아니다

．
．
．
．
．

아
직
은

서울은 도시가 아니다

이경훈 지음

푸른숲

1.

브런치는 우리가 오해하고 있는 도시 생활양식의 전형적인 예다. 브런치Brunch란 주말에 간편한 차림으로 근처 식당에 가서 늦은 아침과 이른 점심을 먹는 것이다. 단순히 한 끼 해결하는 차원을 넘어 바쁜 일상을 벗어나 이웃과 만나고 친구들과 밀린 이야기를 나누는 지극히 도시적인 행위다. 〈섹스 앤 더 시티〉를 보면 이런 브런치의 문화적 특성이 매우 잘 드러난다. 하지만 서울의 브런치 문화는 미국 드라마에서와는 딴판이다. 일단 친구와 약속하고 예약도 해야 한다.

여기 한 여성이 있다. 미리 예약해놓은 브런치 약속을 위해 주말 아침에 일찍 일어나 치장을 한다. 자동차를 몰고 도착한 식당에서는 차를 댈 곳이 없어 쩔쩔맨다. 그녀가 기대했던 여유로운 브런치는 영화 속 이야기일 뿐 생활이 되지 못한다. 그런데도 사람들은 아무 문제 없다는 듯 음식 앞에서 손가락으로 V자를 하고 찍은 사진을 인터넷 블로그에 올린다. 이 시크한 도회지 여성은 주말 늦은 아침을 친구와 먹었으므로 자신이 뉴요커들처럼 브런치를 즐겼다고 생각한다. 그러면서 한편으로 서울에서 먹는 브런치는 왠지 '폼'이 나지 않는다고 푸

넘한다. 서울은 삭막해서 볼 만한 건물도 없고 센트럴파크처럼 쾌적하지 않다며. 그 까닭이 자신이 급하게 인도에 세워둔 자동차나, 한껏 남향으로 늘어선 채 햇볕을 쬐고 있는 자신의 비어 있는 아파트 때문이라고는 생각도 하지 못한다.

2.

2009년, 영국의 여행 전문지 《론리 플래닛》은 서울을 최악의 도시 3위로 꼽았다. 1, 2위는 범죄와 오염이 심각한 도시로 유명한 미국의 디트로이트와 가나의 아크라였다. 우리나라의 여러 언론매체에서 이 외신을 보도하자 대다수의 서울 시민은 분노했다. '우리가 살고 있는 이토록 아름다운 서울을 최악의 도시로 꼽다니…….' 참을 수 없는 모욕이었다. 흥분한 네티즌은 뉴스 하단에 수백 개의 댓글을 달며 이 가혹한 선정에 반박했다. '디자인 수도' 서울시 역시 공식적으로 대응을 하겠다고 벼르기까지 했다.

그로부터 얼마 후, 우리의 분노를 달래주려는 듯 〈뉴욕 타임스〉는 서울을 '가볼 만한 곳' 3위로 꼽았다. 그러자 서울의 시민과 공무원들은 다시 안도했다. '그러면 그렇지. 세계적인 '디자인 수도'를 최악의 도시로 뽑다니…….' 올림픽과 월드컵을 성공적으로 치른 국제적인 도시를 말이다.

그런데 여기에 우리가 꼼꼼히 새겨볼 대목이 있다. 《론리 플래닛》은 서울을 최악의 '도시'로 뽑았지만, 〈뉴욕 타임스〉는 가볼 만한 '곳'으로 선정했다는 것이다. 참고로 〈뉴욕 타임스〉가 1, 2위로 선정한 곳은 스리랑카와 파타고니아의 와인 생산지였다. 나머지 10위 안의 리스트는 태국의 휴양지나 남극대륙 같은 곳으로 채워졌다. 그렇다면 혹시, 이 선정의 의미가 오지 탐험 측면에서는 서울이 충분히 흥미로울 수 있지만 도시로서는 영 최악이라는 건 아닐까? 서울에 대해 혹은 도시의 개념에 대해 우리가 잘못 알고 있는 것은 아닐까?

사람 많고 건물이 많이 모여 있다고 모두 도시가 되는 것은 아니다. 마치 숯과 다이아몬드가 성분은 같지만, 어느 것은 땔감이 되고 어느 것은 보석이 되는 것처럼. 도시는 환경과 인간, 인간과 인간이 관계하는 방식이다. 기존의 관습이나 시골의 관계 방식과 다를 뿐 그보다 저열하다거나 우월하다고 볼 수는 없다. 다시 말해, 도시란 스포츠카처럼 최첨단 기술로 이뤄낸 문명의 결정판인 동시에, 짬뽕 대신 자장면을 택한 것처럼 취향과 선택의 결과물인 것이다.

이 책은 여느 도시에는 없지만 서울에만 있는 여덟 가지 요소에 관한 고찰이다. 또 서울의 도시다움을 방해하는 불순물들에 관한 이야기이기도 하다. 나는 이 책에서 마을버스, 방음벽 등 우리가 일상적으로 받아들였던 것들을 불순물이라 칭하며 여러분에게 혼란과 당혹감을 불러일으킬 생각이다. 그동안 정체를 숨겨온 이 불순물들은 사실 우리가 상상하는 것보다 더 치명적이며, 도시에 대한 우리의 오해와 편견을 몸으로 보여주는 반 도시의 징후다.

아직, 서울은 도시가 아니다.

차례

도시의 쾌적함은 녹지의 면적과 나무 수가 아니라
공유 공간을 함께 나누고 그곳에 생명력을 가져다주는 데 있다
결국 도시는 많은 사람들이 모여 사는 곳이다

길과 거리를 명확히 구분하기는 쉽지 않다.

헷갈리기도 하고 비슷한 뜻으로 섞어 쓸 때도 있어 더욱 그렇다.

하지만 한자와 영어로 표기해보면 그 뜻은 명확해진다.

길은 '路'이며 'Road'이고, 거리는 '街'이며 'Street'다.

길은 한 점과 다른 점을 연결하는 통로를 의미한다.

반면에 거리는 길의 한 범주에 속하는 개념이다.

한마디로 구경거리가 있는 길로서 양편에 늘어선 구경거리들이

만들어내는 수동적 통로인 것이다.

그래서 거리는 연결보다 그것이 이루어지는 과정에서 벌어지는

다양한 경험의 배경, 공간적 장치로서 더 의미가 있다.

길이 이동과 도착이라는 목적 지향에 충실하다면,

거리는 경험이라는 과정 지향적 성격을 띤다.

또한 길을 숲이나 벌판을 가로지르는 자연의 영역으로 본다면,

거리는 인공적 환경에 의해 만들어지는 도시의 일부로 구분할 수 있다.

시골길에 고요가 있다면, 도시의 거리에는 활기가 있다.

사진이나 영화 속 노천카페의 낭만은 모두 거리가 낳은 것이다.

따라서 도시가 삭막하다는 것은 거리가 삭막하다는 뜻이다.

길과 거리를 섞어 쓰는 건 단순한 용어상의 혼용일 수 있다.

그러나 언어는 무의식을 반영한다 하지 않았던가.

우리가 종종 '다르다'를 '틀리다'로 잘못 쓰는 이유는

표준에서 벗어난 다른 것을 틀렸다고 간주해버리는 무의식 때문이다.

마찬가지로 길과 거리의 용어 혼용은 거리에 대한 오해의 증표이며,

나아가 도시에 대한 몰이해를 나타내는 방증이다.

캐리가 유독 구두에 꽂힌 까닭은

몇 년 전, 어느 더운 여름날 맨해튼의 스타벅스에서 있었던 일이다. 풀 한 포기 보이지 않는 한여름의 도시는 덥기만 했다. 쏟아지는 땡볕에다가 자동차들이 뿜어내는 열기가 더해져 섬 전체는 거대한 오븐이 되어 있었고 나는 얼마 걷지 못하고 에어컨이 있는 카페에 들어가 겨우 땀을 식히고 있었다. 그때 그곳에 먼저 와 앉아 있던 20대 중반으로 보이는 두 여성의 대화가 귓가를 간질였다.

"꿈만 같아! 내가 뉴욕 한복판에 앉아 있다니……."

이어지는 대화는 뉴욕에 대한 찬사 일색이었다. 경탄을 금치 못하는 쪽은 아마도 뉴욕에 사는 친구를 찾아온 여성인 듯했다. 그녀는 뉴욕에 온 지 이제 일주일쯤 지났고 다시 한 주 정도 머물다 돌아갈 모양이었다. 20여 년 전 내가 유학 올 때만 해도 뉴욕은 세계 최고의 도시라기보다는 베트남의 정글보다 위험한 범죄소굴 같은 곳이었다. 나는 뉴욕의 무엇이 그녀를 '꿈만 같게' 만들었는지 궁금했다.

"뭐가 좋은데요?"

몇 번 눈을 마주친 후 내가 가급적 점잖게 물었다.

"뉴욕이잖아요."

"그러니까 뉴욕의 뭐가 좋은데요?"

친절한 대답에도 불구하고 내가 다시 꼬치꼬치 캐물을 태세로 반문하자 그녀가 불편한 기색으로 대답했다.

"음……. 물건들이 한국보다도 싸고요, 종류도 다양해요. 유명한 식당이나 카페도 많고요. 더구나 하고 싶은 것을 눈치 안 보고 할 수 있어서 좋아요. 뭐라고 하는 사람도 없잖아요."

"그건 꼭 뉴욕이 아니더라도 할 수 있는 거잖아요? 가령 홍콩이나 도쿄에서도……."

갑작스런 질문에 준비가 안 돼 있던 친구를 대신해서 뉴욕에 사는 친구가 말했다.

"모든 걸 걸어 다니며 할 수 있어서 좋아요. 출근도 쇼핑도 박물관에 가는 것도 걸어서 할 수 있다는 점이 서울과 다른 것 같아요."

"아, 맞아! 여기 온 내내 너무 걸어서 다리가 퉁퉁 부을 지경이에요……."

2000년대, 뉴욕이 로망의 도시로 다시 태어난 데에는 드라마 〈섹스 앤 더 시티〉가 중요한 역할을 했다. 네 명의 전문직 여성들의 사랑과 좌절, 우정, 욕망을 그린 탄탄한 스토리라인, 감칠맛 나는 대사와 흥미로운 뉴욕의 라이프스타일은 전 세계 시청자들을 사로잡으며 6년 동안 방영되었다. 그것으로도 모자라 영화로도 두 편이나 제작됐고 모두 메가 히트를 했다. 그런데 이 드라마의 진짜 성공은 시청률이나 관객 수를 넘어선 곳에 있었다. 주인공들의 스타일과 그들이 갖고 등장하는 패션 아이템은 전 세계 트렌드를 선도했으며, 당연히 우리나라 여성들에게도 상당한 영향을 끼쳤다. 그리고 〈섹스 앤 더 시티〉에 등장하는 식당이나 매장을 돌아보는 관광코스가 생겼을 정도로 뉴욕은 세계 여성들이 선망하는 도시가 되었다. 사실 〈섹스 앤 더 시티〉는 뉴욕에 대한 깊은 애정과 찬사를 보내는 드라마다. 다소 노골적인 대사와 화려한 패션이 눈과 귀를 자극하는 동안 드라마는 '섹스'보다는 '시티'에 비중을 두고 전개되며, 도시에서만 가능한 전형적인 삶을 포착하고 스타일을 찾아냈다. 주인공들은 걸어서 출근하고, 걸으며 사랑하고, 거리에서 이별하거나 옛 애인을 마주치기도 한다. 그리고 거의 매회마다 주말 아침에 모여서 브런치를 즐기며 서로의 지난 한 주를 이야기한다.

여기서 주목해야 할 점은 〈섹스 앤 더 시티〉의 주인공들은 계속 걷는다는 것이다. 주인공은 물론이고 친구들도 변호사, 큐레이터, 홍보회사 사장 등 중상류층 이상의 전문직 종사자들이다. 게다가 우리 기준으로 보면 디자이너 브랜드 쇼핑에 탐닉하는 이른바 '된장녀'들이지만 아무도 자동차를 가지고 있진 않다. 그들이 꿈꾸는 사랑의 조건에도 자동차는 포함되지 않고, 그들을 유혹하는 남자들도 자동차가 없다. 드라마가 6년에 걸쳐 방영되는 동안 등장하는 교통수단이라곤 택시와 두 발로 걷는 것뿐이다. 걸으면서 수다를 떨고 데이트를 한다. 심지어 손이 모자랄 정도로 쇼핑백을 들고서도 줄곧 걷는다. 애써 차

려입은 고가의 옷과 신발을 자랑이라도 하려는 듯 계속해서 걷는다. 네 명의 여주인공들은 단 한 번도 자동차를 화제로 삼지 않는다. 대신 주인공 캐리는 자동차가 아닌 구두에 집착한다. 그녀는 신용불량자가 될 위기 앞에서도 비싼 유럽 브랜드 구두를 사 모은다. 이 드라마에서 구두는 대단히 중요한 모티프다. 그녀는 거리에서 구두를 강탈당하기도 하고, 심지어 영화에서는 남자친구 빅이 청혼하면서 반지 대신 구두를 사와 신기기도 한다. 모자, 시계, 드레스 또는 가방 등 수많은 패션 아이템 중에서도 캐리가 유독 구두에 '꽂히는' 이유는 뭘까?

〈섹스 앤 더 시티〉에서 보여주는 광적인 구두 사랑은 사실 도시성에 대한 집착이자 애정이다. 말하자면 걷는 일이야말로 도시 생활의 필수 요소이자 중요한 상징, 기쁨인 셈이다.

뉴욕에서는 모두가 걸어 다닌다

뉴욕에 사는 동안 한국에서 오는 손님을 맞이하는 일은 매우 중요한 이벤트였다. 처음에는 오랜만에 만나는 친구나 동료도 있었고, 가끔 은사님도 찾아오셨다. 그러다가 고속철도 역사 건립이나 박물관 개관 같은 대형 프로젝트를 준비하기 위해 방문하는 행렬을 응대하는 일이 잦아졌다. 덕분에 일반인 신분으로는 들어가기 어려운 박물관의 수장고나 전시 준비실 같은 은밀한 곳도 들어가볼 수 있었다. 게다가 백남준 같은 유명 예술가나 박물관장들도 만날 수 있었으니 가이드

노릇이 항상 귀찮은 일만은 아니었다.

그렇게 오랫동안 가이드 생활을 하다 보니, 시대에 따라 변하는 관광 풍속도가 보이기 시작했다. 80년대에 뉴욕을 방문한 한국 여행객들의 목표는 오직 사진 촬영이었다. 묵직한 카메라를 들고 와서는 명소를 배경으로 증명사진 찍는 것이 지상과제라는 듯, 무슨 일이 있어도 최소한 엠파이어스테이트 빌딩이나 자유의 여신상 같은 관광지를 뒤로하고 사진을 찍어야 했다. 정체를 알 수 없는 거리의 한 귀퉁이나 내가 보여주고 싶은 정말 뉴욕다운 모습은 '절대' 그들의 관심사가 아니었다.

90년대에 들어서면서 여행객들의 관심은 쇼핑으로 이어졌다. 이른바 명품으로 통하는 브랜드 목록이 따로 있는지 너도나도 비슷한 가게에서 비슷한 물건을 사는 것이 가장 중요한 일인 듯했다. 가끔 발음하기도 어려운 이탈리아어로 된 상표를 말하며 매장 위치를 알려달라고 부탁하기도 했다.

그러다 월드컵을 치르고, 해외여행이 대중화된 21세기로 들어서면서 한국 여행객은 좀 더 세련되어졌다. 명품 쇼핑보다는 브로드웨이 뮤지컬이나 메트로폴리탄 오페라 관람이 더 중요한 일정이 된 것이다. 좀 더 지나니 딱히 어딜 가지 않더라도 소호에서 커피를 마시거나 박물관을 구경하는 일상 체험 관광이 자리를 잡았다. 사람들은 어느덧 어느 잡지의 화보나 블로그에서 보았을 법한 이미지 속에 직접 들어가길 원했다.

이제는 콜럼버스 가에서 브런치를 먹으며 행인들을 관찰하고, 어슬렁거리며 거리를 걷는 진짜 뉴요커 같은 분위기를 느끼지 않으면 뉴욕 여행을 했다고 할 수 없을 정도가 되었다. 뉴욕에 사는 대부분의 사람들이 이름도 못 들어봤을 고급 레스토랑에 예약해주길 부탁하는가 하면, 새로운 전시회 소식을 귀신같이 알아서 같이 가보기를 권하는 것도 예삿일이 되었다. 증명사진 찍기나 명품 쇼핑보다는 뉴욕의 도시적 쾌적함을 경험하고, 유니크하고 시크한 뉴욕의 분위기 체험이 더 가치 있게 된 것이다. 뉴욕이 전 세계인들의 로망으로 자리 잡기 시작한 것도 바로 이 무렵이다.

손님맞이를 몇 번 해보니 자연스레 요령이 생겼다. 나는 일정과 관심에 따라 코스를 제안할 수 있게 되었다. 일정이 이틀 정도로 빡빡한 사람에게는 우선 맨해튼 일주 유람선을 추천했다. 네 시간 남짓 배를 타고 섬을 한 바퀴 돌면 섬의 대강을 알 수 있다. 입담 좋은 여행 가이드가 들려주는 섬과 건물과 다리에 대한 이야기를 띄엄띄엄 통역해주기만 해도 되고, 빌딩숲 사이를 유유히 떠가는 배에서 휴식을 취할 수 있어 무엇보다도 좋은 코스였다. 게다가 친절하게 자유의 여신상 앞까지 가서 그 육중한 체구의 고전 미인의 모습을 자세히 보여주는 서비스까지 포함되어 있으므로 짧은 시간에 뉴욕의 모습을 가장 많이 볼 수 있는 코스이기도 했다. 3박 4일 정도의 여유가 있는 사람들에게는 걷기를 권했다. 이 정도 시간을 할애한다는 것은 건축이나 도시에 관심이 있다는 뜻이니 말이다. 봐야 할 건물들이 대체로 한곳에 모여 있어서, 북적거리는 버스나 지하철을 타기보다는 걸어서 관광하는 게 훨씬 편하다.

손님들에게 뉴욕은 여행지이지만, 내게는 생활 공간이다. 출근을 해야 하는 나는 아침에 손님과 함께 지도를 보면서 들러봐야 할 거리를 미리 알려주고 점심때 만날 곳을 정한다. 도착한 지 하루도 채 되지 않은 여행객은 믿었던 가이드에게 간단한 주의사항만 듣고 혼자서 여행을 해야 했다. 변명 같지만 맨해튼은 거리 이름이 숫자로 되어 있어서 길 찾기가 어렵지 않다. 북쪽으로 갈수록 거리의 숫자가 높아지고, 서쪽으로 갈수록 대로의 숫자가 커지는 단순한 주소 체계 덕분에 초행자라도 길을 찾는 데 별 문제가 없다.

점심때가 되면 여행자들은 어김없이 지친 모습으로 나타났다. 그러나 점심을 먹고 나면 다시 혼자서 길을 떠나야 한다. 나는 이번에는 저녁때 만날 장소를 정하고 오전과는 다른 경로를 가르쳐준다. 꼭 봐야 할 건물과 쉴 수 있는 곳, 관심 여부에 따라 반드시 들러야 할 가게 등을 가르쳐주고 나면, 여행자들의 얼굴엔 약간의 자신감과 함께 걱정과 피곤함이 차례로 묻어나온다. '뭐야, 지구 반대쪽에서 열네 시간이나 날아 왔는데…….'

"무슨 일 생기면 전화하고……."

말하고 돌아서는 순간 등 뒤로 무슨 일이 생기더라도 전화 따위는 하지 않으리라는 결의가 느껴진다.

가뜩이나 시차 적응이 안 되는 데다가 하루 종일 걸은 터여서 저녁때쯤이면 여행객은 이미 녹초가 되어 있다. 대개는 배낭을 메고 마라톤을 완주한 선수처럼 약속 장소에 미리 와서 기다리고 있다. 하지만 검게 탄 듯한 얼굴에 서린 표정만은 득의양양하다. 힘들었던 건 다 잊었는지 도시를 혼자서 탐험했다는 사실에 흥분하며 상기된 얼굴로 그간의 길지 않은 여정을 들려준다. 건물들에 대해서는 책이나 영화에서 본 것과 크게 다르지 않다고 덤덤해하면서도, 그들이 목격한 도시적 삶의 양상에 대해서는 감동 섞인 목소리로 이야기한다. 주로 거리의 무질서 또는 미국인의 비만 같은 것, 또는 줄을 서서 입장해야 하는 미술관이나 소호를 걷다가 발견한 벼룩시장 같은 생동하는 도시의 한 컷을 바라본 느낌을 장황하게 늘어놓는다. 뉴요커처럼 무단횡단을 했노라고 털어놓기도 한다. 절대로 이 도시의 유혹에 넘어가지 않겠다고 다짐했지만 어쩔 수 없이 넘어가고야 말았다는 고백 같은 것. 예상과 달리 뉴욕은 오래되었고, 정감 있고, 걷기 편하게 되어 있더라는 감상이 이어진다. 자연과는 다른 종류의 도시의 삶이 펼쳐져 있고 그 안에 뛰어들어보았다는 묘한 흥분은 대화 내내 가라앉지 않는다. 결국 나무 한 그루, 풀 한 포기 보이지 않고 하늘마저도 고층건물로 가려져 손수건만 하게 보이지만 '예상과 달리' 매력적이었다고 아낌없이 느낌표를 쾅쾅 찍는다. 그러나 그들이 무엇보다도 놀라워했던 것은 모든 명소에 걸어서 갈 수 있다는 사실이었다. 뉴욕은 우리가 애써 피해왔던 걷기야말로 도시성의 총체임을 알려준다. 도시를 걷는 것이 도시의 문화를 만들고, 이러한 매력이 그토록 많은 뉴욕 체험기를 써내게 하지 않았을까?

《걷기의 역사》의 저자 솔닛Rebecca Solnit은 도시에서의 걷기를 러닝

머신과 비교한다. 러닝머신은 걷기와 달리 바깥 날씨에 관계없이 항상 즐길 수는 있지만, 한편으론 그렇기 때문에 도시의 경험적 관계를 빼앗는다는 것이다. "친구와 우연히 마주치는 일도 없고 모퉁이를 돌때 갑자기 멋진 장면이 나타나는 일도 없다. 명상도 구애도 탐험도 아니고 두 발을 번갈아 내딛는 움직임이다." 그리고 걷기야말로 도시의 공유 공간을 점유하고 즐기는 유일한 방법이라고 그는 설명한다.

'서울은 자동차에 의해 살해된 도시'라는 프랑스 사진작가 얀 베르트랑의 말처럼 서울에서 걷기란 고행에 가깝다. 인도가 없는 좁은 이면도로에서는 차에게 길을 내주고 눈치를 보며 걸어야 한다. 인도가 비교적 넓은 대로에서도 상황은 다르지 않다. 자동차가 인도에 올라와 주차하려고 낑낑거리고 있어서 차를 피해 조심히 걸어야 한다. 아무리 지하철이 촘촘하게 이어져 있다 해도, 서울에서는 자동차를 타고 움직이는 것이 걷기보다 훨씬 편하며 쾌적하다. 짧은 거리도 승용차나 택시, 아니면 마을버스라도 타야 할 만큼 서울에서 걷기는 힘들고 불편한 일이다.

걷고 싶은 거리와 걷고 싶은 길은 다르다

"학교가 파하면 해찰하지 말고 바로 집으로 오너라."
등굣길에 어머니는 주의가 산만한 나에게 항상 버릇처럼 이르곤

하셨다. 5학년 때 서울 남산으로 전학 오기 전까지 살던 소읍에서는
아침에는 매일 지각을 했고, 저녁에는 날이 어두워질 때까지 집에 돌
아가지 않았다. 등굣길은 볼거리 천지였다. 작은 채마밭에 고추와 깨,
마늘 같은 것들이 돌아가며 꽃을 피웠다. 도랑을 따라가면 신작로가
나오고, 거기엔 또 다른 세상이 펼쳐졌다. 길 따라 가다 보면 나오는
고등학교 앞은 항상 작은 장터가 열렸다. 만년필을 늘어놓고 파는가
하면, 신기한 문구용품들도 있었다. 심지어는 광약 같은 것도 팔았다.
이어지는 언덕 위 방앗간을 지날 때는 그 안에서 들려오는 묵직한 기
계 소리가 내 걸음을 멈추게 했다. 항상 같은 자리에 앉아서 고무신을
때우는 아저씨도 있었다. 고무신에 난 구멍을 갈고 고무 조각을 풀칠
해서 잠시 굳기를 기다렸다가 붙이고는 열이 나는 프레스로 꾹 누르
면 신기하게도 고무신은 멀쩡해졌다. 단순하지만 일의 순서가 중요했
는데, 자꾸 보다 보니 조선왕조의 임금 순서보다 먼저 외울 수 있었다.

해찰의 절정은 목공소였다. 톱밥을 날리며 나무를 자르는 전기톱
소리는 뿌리칠 수 없는 유혹이었다. 등굣길에 보았던 널빤지들은 하
굣길 즈음엔 의자나 탁자로 변해 있었다. 목수가 몇 번 망치질을 하면
구멍이 나고, 그 구멍에 다른 나무를 끼워서 단단한 입체를 만드는 광
경은 아폴로 우주선이 발진하며 뿜어내는 불덩어리만큼 황홀했다.

그에 비하면 서울에서의 통학길은 오히려 단조로웠다. 초등학교
때 통학로는 남산 소파길이었다. 부모님께 받은 차비를 아껴 갖고 싶
은 걸 사야겠다는 생각에 나는 아침마다 기꺼이 걸었다. 하굣길에 아
이스크림을 사 먹어야 했고, 샤프펜슬도 필요했다. 한 달쯤 모으면 모

서울시가 조성한 전형적인 걷고 싶은 거리(왼쪽)와 남산 소파길의 걷고 싶은 거리(오른쪽). 대부분의 걷고 싶은 거리
는 왼쪽 사진처럼 구불구불한 오솔길 형상으로 만들어진다. 남산 소파길도 서울시에서 지정한 '걷고 싶은 거리'이
지만 거리라기보다는 산에 난 길에 가깝다. 이처럼 서울시는 도시공간에 자연을 도입하는 것을 이상적으로 생각하
고 있는 듯하다.

터가 달린 모형 탱크를 살 수도 있었다. 집에서 출발해 남산을 올라 옛 식물원과 어린이회관을 가로지른 다음, 케이블카 승강장을 지나면 적십자사 바로 밑이 학교였다. 겨울에는 바람이 어찌나 차던지 잠이 덜 깬 채로 걷는 등굣길은 고행이나 다름없었다. 오가는 동안 내내 볼 거리라곤 도심의 시무룩한 잿빛 빌딩숲과 멋없이 서 있는 남산의 소나무, 그리고 축대뿐이었다. 먼발치에 있는 도시나 철망 너머의 무표정한 나무들은 내게 말을 거는 법이 없었고, 지나가는 사람도 드물었다. 통학 거리는 소읍에서 다닐 때보다 짧았지만 왠지 훨씬 지루하게 느껴졌다. 내 머릿속엔 차비를 모아서 살 모형 탱크 생각뿐이었다. 그 때는 해찰, 하지 않았다.

소파길을 다시 걸어보는 것만으로 가슴이 벅찼다. 귀국한 뒤에도 나는 여전히 남산 기슭에 살고 있었지만, 이 길을 다시 걸어보자 맘먹기가 쉽지 않았다. 은행과 단풍이 곱디고운 가을에 차를 타고 이 길을 지나간 것이 어린 시절의 기억에 대해 내가 떠올릴 수 있는 최선이었다. 그러다 바람이 아직 차던 봄날, 가까운 시내에서 약속이 생긴 김에 큰맘 먹고 다시 이 길을 걸어보기로 했다. 서울시에서 소파길을 '걷고 싶은 거리'로 선정했다는 신문 기사 때문이었다. 어떻게 변했을지 궁금하기도 했다.

택시는 적십자사 앞에서 멈췄다. 걸어본 지 30년이 훨씬 지났지만 길은 그다지 달라지지 않았다. 전에 없던 식당들이 군데군데 들어서서 지나가는 차들에게 손짓을 하고 있긴 했지만 남산도, 도시의 풍경도 그다지 낯설어 보이지 않았다. 터덜터덜 걸어도 끝이 보이지 않던 길이 세월이 지나는 동안에 훨씬 짧아진 것 같다는 생각뿐이었다. 멋들어진 경치는 여전했다. 연암 박지원이 금강산보다 아름답다고 감탄했다는 북한산과 인왕산이 병풍처럼 둘러처져 있고, 그 사이에 놓여 있는 서울의 전경을 가장 잘 내려다볼 수 있는 길이 아늑하게 뻗어 있었다. 흐린 날씨였지만 잘 버무려진 구름과 나무 향이 도심의 뿌연 건물을 잿빛 화선지의 수묵화처럼 물들이고 있었다. 거기에 찬바람을 뚫고 나온 개나리가 작고 노란 손으로 인사를 했다.

에펠탑 전망대에서 고풍스런 지붕이 도열한 도시의 장관을 내려다볼 수 있다면, 남산의 소파길에서는 자연과 도시의 전망을 모두 만끽할 수 있다. 굳이 탑을 오르거나 케이블카를 타지 않고도 가장 높은 건물의 정수리까지 볼 수 있는 전망대가 이렇듯 도심 가까이 있는 도시는 아마도 서울이 유일할 것이다.

그런데 기대했던 것보다 걷는 느낌이 그리 좋지만은 않았다. 숲속에 난 길을 걸을 때의 호젓함 비슷한 적막감이 감돌았다. 어린 시절의 기억을 떠올리며 걷다 보니 문득 다양한 구경거리로 항상 나를 들뜨게 했던 소읍의 거리가 그리워졌다. 경치에 감탄하며 사진을 몇 장 찍고 벤치에 앉아 기억을 더듬으려 애쓰는 동안 길에는 자동차들만이 쌩쌩 내달릴 뿐이었다. 명색이 '걷고 싶은 거리'로 꼽힌 길인데, 지루하기만 했다. '걷고 싶은 거리'를 정작 걸어서 지나간 사람은 채 열 명이 되지 않았다. 노부부 한 쌍과 버스에서 잘못 내린 듯한 등산객 세 사람, 그리고 젊은 연인 한 쌍. 그들이 전부였다.

서울의 '걷고 싶은 길'에는 내가 좋아하는 덕수궁길도 있다. 서울시에서 지정한 '걷고 싶은 거리' 1호이다. 대한문을 오른편에 두고 덕수궁 담장을 끼고 있는 길은 정동으로 이어진다. 주변만 보면 서양의 어느 도시에 와 있는 듯하다. 작은 언덕 위로 지금은 미술관이 된 옛 대법원이 있고, 정동교회, 러시아공사관같이 구한말에 지어졌거나 사연을 담고 있는 건물들이 있어 특별한 정취를 자아낸다. 이 돌담길은 번잡한 태평로에서 시작해 정동사거리로 이어지는데, 그 반대쪽에서 걸어오더라도 길의 분위기는 똑같이 고즈넉하고 여유롭다. 시간을 거꾸로 돌린 듯 이국적인 분위기를 음미하며 시간을 보낼 수 있는, 서울에서 흔치 않은 곳이다. 게다가 담장을 따라 나란히 뻗은 거리에 구불구불한 인도가 만들어져 있어 빨리 걷기보다는 한 발 한 발 천천히 내디뎌보기에 안성맞춤인 곳이기도 하다.

이 길도 한산하다. 시청 별관을 비롯해 주변 건물에서 일을 보는 사람들이 서소문로 쪽 통로를 더 자주 이용하는 까닭에 평일 덕수궁길은 언제나 차분하다. 가끔씩 차들이 구불구불한 도로를 일방통행으로 지나갈 뿐, 걷는 사람은 추억에 젖어 있거나 실연당한 특별한 사람들뿐이다.

'걷고 싶은 거리'는 서울시청에서 선정한 곳이 아홉 군데이고, 각 구청별로 정한 곳들도 따로 있으니 다 합치면 백 군데 정도가 된다. 그렇게나 많으니 서울 시민이면 누구나 하루에 한 번쯤은 찾아가 걸어볼 만하다. 그런데 문제는 그곳들이 우리에게 잘 알려져 있지 않다는 것이다. 그 이유는 '걷고 싶은 거리'의 의미가 애매하기 때문이다. 많은 시민들이 걷고 싶어 하는 길이라는 것인지, 지금은 아니지만 걷고 싶은 거리로 만들겠다는 공언인지 뜻이 분명치 않다. 맥락으로 보면 후자 같지만, 어떻게 해서 걷고 싶게 만들겠다는 것인지도 잘 알수가 없다. 또한 나머지 거리는 어쩌고, 선정된 몇 곳만 걷고 싶은 거리로 만들겠다는 것인지 그것도 의문스럽다.

서울 시흥동의 걷고 싶은 거리. 9백 년 된 은행나무 주변에 보도를 깔고 가로수를 심어놓았지만, 오토바이와 내다버린 중고 냉장고, 가구 들이 널려 있어서 보도는 한 사람이 겨우 지날 수 있을 정도입니다. 용산구 숙명여대 앞 걷고 싶은 거리는 곳곳에 노점상들이 가판을 펼쳐놓고 있고, 낮아진 보도 턱을 타고 차량들은 인도 위로 올라서고 있으며, 보도 한가운데에 새로 설치된 가로등은 보행 공간을 더욱 좁게 만들었습니다. 성북구 개운사길은 차량 일방통행으로 보도를 넓혔지만 이곳 역시 보도 위에는 차량들이 늘어서 있고, 불법 주정차를 막기 위해 설치된 시설물이 보도 위에 놓여 있어 오히려 보행자들에게 걸림돌이 되고 있습니다.

2001년 5월 30일, MBC 〈9시 뉴스〉

도화·용강동의 주물럭 식당가가 관광문화 거리로의 변신을 꾀하고 있다. 마포구는 중소기업청의 지원을 받아 도화·용강동 일대의 상권 활성화 사업을 추진한다고 31일 밝혔다. 올해부터 2014년까지 90억원의 사업비가 투입된다. 목표는 음식점 주변을 걷고 싶은 거리로 만들어 고객을 더 많이 끌어들인다는 것이다. 이를 위해 지하철 5호선 마포역 주변에 만남의 광장을 조성하고 인근

복사골공원과 삼개공원엔 상설 무대를 설치하기로 했다. 주변엔 자전거도로와 가로 조명을 만들어 한강과 여의도를 오가는 자전거족들이 이곳을 쉽게 찾을 수 있도록 한다는 것이다. 또 음식점 주변 보행로 폭을 넓혀 고객들이 음식을 싸서 갈 수 있는 테이크아웃(Take-out) 공간을 마련하기로 했다. 앉아서 먹는 음식점에만 머물지 않겠다는 의미다. 박홍섭 마포구청장은 "사업이 끝나면 '마포갈비와 주물럭'의 명성을 가진 도화·용강동 상권이 서울의 대표적 명물 거리로 탈바꿈할 것"이라고 말했다.

중앙일보 2011년 6월 1일

'걷고 싶은 거리' 선정 사업에는 서울 대부분의 거리가 걷고 싶지 않다거나, 최소한 불편해서 걸을 만하지 못하다는 현실 인식이 담겨 있다. 인도를 비집고 나온 간판과 전신주, 심지어 가로수까지 올라서서 가뜩이나 좁은 인도를 더욱 비좁게 하니 시민들로서는 그것이 달가울 리 없다. 인도의 표면도 울퉁불퉁하다. 그나마 인도가 있는 곳은 낫다. 차와 사람이 뒤엉켜서 다니기 일쑤인 이면도로의 사정은 더 심각하다. 도시의 위험한 거리를 걷고 싶은 거리로 만들겠다는 데는 이견이 있을 수 없다. 그러나 이 '걷고 싶은 거리' 사업의 내면을 들여다보면, 앞으로도 당분간은 진정으로 '걷고 싶은 거리'가 생겨나긴 힘들 듯하다.

　서울시의 '걷고 싶은 거리' 조성 계획에는 걷는 데 불편함을 주는 전봇대 같은 장애물을 매설하거나 이전해서 보도의 폭을 확보하겠다는 긍정적인 방안도 있다. 그러나 여기서 그치면 좋을 것을, 가로수를 더 심고 멀쩡한 길은 꼬불꼬불하게 만들겠다는 것도 빼놓지 않는다. 혹은 벤치를 더 설치하겠다며 지역을 상징하는 명물 광장으로 만들겠다는 약속도 잊지 않는다. 이쯤 되면 걷고 싶은 거리보다는 앉아서 쉴 수 있는 거리가 어울릴 듯하다. 대상 선정 기준은 더욱 혼란스럽다. 이 모든 혼란의 원인은 길과 거리의 개념이 뒤섞여 있기 때문이다. 다시 말해, 소파길과 덕수궁길은 가끔 걷고 싶은 길이지 거리가 아닌 것이다. 앞에서 밝혔듯 길과 거리는 비슷해 보이지만 다른 개념이다. 길이 이동과 도착이라는 목적 지향에 충실하다면, 거리는 다양한 경험의 배경이자 공간적 장치로서 도시성에 더 잘 부합된다.

많은 사람들이 모여 사는 도시가 소통의 공간이 되려면 먼저 거리의 분위기가 활기차야 한다. 도시에서의 아름다움이란 녹지나 공원의 아름다움을 말하는 것이 아니라, 거리가 아름답다는 뜻이다. 그러니 걷기 힘든 거리로 이루어진 도시는 애초부터 도시가 아닌 것이다.

도시는 기본적으로 상업적 공간이다.

신사동 가로수길은 도시의 거리가 지닌 기본적인 역할과

그로써 형성된 도시적 공간의 전형을 보여준다.

넉넉한 주차장과 쾌적한 공원이 없는 가로수길은

도시의 거리가 갖춰야 할 조건을 모범적으로 제시하고 있다.

적당한 폭의 인도와 거리를 메우고 있는 상점이야말로

가장 도시적이며 '걷고 싶은 거리'를 만들기 때문이다.

상점의 쇼윈도는 교류와 소통을 가능하게 하는

기본적인 요소인 데다, 무엇보다 '걷게 하는' 도시의 장치로서

의미가 크다. 그런데 가로수길에만 있고 다른 곳에 없는 것을

찾다 보면 서울을 옥죄고 있는 엄숙주의를 마주하게 된다.

온갖 광고와 욕망이 집약된 물신주의가 팽배한 도시임에도

안 그런 척 근엄한 표정을 지으려는 가식이 서울을 망치고 있다.

이에 비해 쇼핑몰은 도시의 블랙홀이라고 할 수 있다.

도시에 대한 오해 중 하나가 사람들이 쇼핑몰을

도시적 공간으로 받아들인다는 점이다. 그러나 쇼핑몰은

현대적이며 서구적이긴 하지만 도시적이지는 않다.

사실 쇼핑몰은 인구밀도가 낮은 지역에 건물을 지어

그 안에 도시의 거리를 재현하려는 의도에서 시작되었다.

그렇게 태어난 가상의 거리에 상점들이 즐비하게 들어서고

쇼핑객들이 북적거리는 동안 실제 도시의 거리는

텅 비고 점점 피폐해진다.

가로수길이 왜 떴을까?

'걷고 싶은 거리'로 선정되지는 않았지만 가로수길은 서울에서 몇 안 되는 진정한 거리다. 무심코 붙였겠지만 신사동 가로수 '거리'라는 이름 대신 '길'이 붙은 것이 아이러니컬하다. 이곳은 처음엔 골동품과 고미술을 취급하는 상가였다가 화랑가로 변했지만, 내내 별다른 주목을 받지 못하던 한산한 길이었다. 가로수길이라는 이름처럼 가로수가 우거져 있는 것도 아니고, 지하철역이 가까이 있는 것도 아니다. 공연장이나 영화관같이 사람을 끌어모으는 시설이 발달한 것도 아니며 백화점도 가까이 있지 않다. 압구정 도산공원처럼 외국 명품 매장이 몰려 있는 것도 아니다.

그러나 가로수길에는 구경거리가 있다. 신상품 옷이 있고 구두가 있고 세상에 하나밖에 없는 상품이 있다. 커피숍에 앉아 있는 멋진 여성들을 볼 수 있고, 쇼윈도에 목을 빼고 구경하는 청춘이 있다. 모두가 배우이자 관객이 되는 도시의 거리다.

가로수길은 거리가 되는 데 성공했고 이는 간단히 경제적 가치로 환산된다. 평당 가격이 강남 최고 수준이다. 임대료도 그렇고 권리금도 그렇다. 거리에는 항상 걷는 사람들로 넘쳐나고 매일매일 개성 넘치는 상점과 공방이 생겨난다. 주말에는 브런치를 즐기는 행렬이 순례하듯 이어진다. 그러고는 외국 여행을 다녀온 듯 인터넷 블로그에 방문 후기를 올린다. 심지어는 지방에서 일부러 다녀가는 사람이 있을 정도로 서울의 명소가 됐다.

다들 이 거리의 성공을 의아해하며 나름의 분석을 내놓는다. 사람들은 월드컵 응원 열기에서 이어진 '대~한민국'의 자신감이 만들어낸 거라고, 더 이상 외국 문화를 추종하지 않으려는 문화적 자존감의 표현이라고도 한다. 패션 등등의 전문가들이 모이는 곳이어서 유명해졌다는 이야기도 있다. 혹은 IMF 이후 직장을 잃은 고학력 자영업자들이 모여들어서 수준이 높아졌다고도 하고, 소비 능력이 있는 30대 여성의 취향에 맞는 장소여서 압구정동이나 청담동을 누르고 가장 떠오르는 지역이 되었다고도 한다. 심지어 근처에 있는 불임치료 전문병원의 고객들인 부유한 미시족이 드나들다 보니 유행이 만들어졌다고 말하는 이도 있다. 삼청동은 경륜, 홍대 앞은 열정, 청담동은 과시, 가로수길은 로망이라는 알 듯 모를 듯한 시적 분석까지 있다. 재밌는 것은 이렇게 다양한 분석의 밑바탕에는 모두 압구정동, 청담동, 홍대앞같이 돌고 도는 유행의 한 시점이라는 시각이 기본적으로 깔려 있다는 것이다. 그러나 가로수길에는 다른 거리처럼 반짝하고 지나가는 트렌드로 보기에는 좀 더 묵직한 건축적, 도시적 함의가 깃들어 있다.

여러 요소가 범벅되어 있어 구분이 어려울 때는 가로수길에 없는 것을 찾아보면 된다. 모든 학생의 출석을 부르는 것보다 결석한 학생을 확인하는 것이 빠른 것처럼, 많이 보이는 것보다 보이지 않는 소수를 찾는 방법이 배타적이고 변별적인 특성을 쉽고 빠르게 파악하는 데 적절하다.

가로수길에는 서울 대부분의 '걷고 싶은 거리'에 있는 것들 중 두 가지가 없다. 첫째로 공원이 없다. 그 흔한 공터나 작은 정원 대신 고만고만한 건물이 빽빽이 들어차 있다. 이런 면에서 가로수길은 토머스 무어가 묘사한 '유토피아'와 닮았다. "집들은 커다랗고 번듯하며 길 양편으로 건물들이 끝까지 길게 늘어서 있는 그 사이에 빈 공간이나 경계가 없다. 거리는 스무 걸음 정도의 너비다." 가로수길에는 유토피아처럼 가로수 간의 폭도 적당하며 건물도 공터 없이 빽빽하게 들어서 있다.

둘째는 인도에 올라와 있는 자동차가 없다는 것이다. 우연인지 모르겠지만 길의 폭도 적당하다. 이는 8차선을 넘는 광로, 또는 10미터도 안 되는 좁은 골목 식으로 극단을 오가는 서울의 도로 구조에서 보면 대단히 특이한 것이다. 왕복 2차선의 넓지 않은 차도 양편에 놓인 인도는 폭이 그리 넓지 않아서 자동차를 올려놓을 수 없다. 대신 사람들의 가뿐한 걸음걸이가 거리를 메우고 있다. 이곳에서 동쪽으로 1킬로미터 남짓 떨어진 압구정 로데오거리는 가로수길과 여러 조건

압구정 로데오길(왼쪽 위, 왼쪽 아래)은 가로수길(오른쪽 위, 오른쪽 아래)과 같은 조건을 가지고 있지만, 구청에서 설치한 주차구획이 버젓이 인도에 걸쳐서 표시되어 있다. 한 대의 주차 공간을 얻는 대가는 결국 걷는 사람이 거의 없어지는 황폐한 거리와 도시다.

이 비슷하지만 분위기는 사뭇 다르다. 인도에 올라온 자동차가 있는
지의 여부가 이런 차이를 만드는 것이다.

서울 어디에나 있지만 가로수길에는 없는 두 개의 요소 즉, 공원
과 인도 주차는 거꾸로 가로수길을 만드는 물리적 조건이다. 이 두 가
지가 없는 가로수길에는 병풍처럼 늘어선 쇼윈도가 있다. 건물 1층에
대부분 식당이나 옷가게 또는 세상에 하나밖에 없는 물건을 파는 공
방이 들어서 있기 때문에 볼 수 있는 장관이다. 쇼윈도를 들여다보며
세일 정보를 확인하고 또 커피숍 안의 사람들을 바라보느라 걷는 동
안 심심할 틈이 없다. 계절의 변화를 공원의 나뭇잎이 아니라 쇼윈도
의 장식에서 느낄 수 있는 진정 도시다운 길이다.《걷기의 역사》의 저
자 솔닛은 도시에서의 걷기가 원시시대의 수렵이나 사냥과 닮았다고
말한다. 시골에서의 걷기가 단순히 지나쳐가는 것인데 비해, 도시에
서의 걷기에는 볼거리와 '사냥감'이 함께 있다는 이 비유는 거리의 의
미를 정확하게 집어내고 있다.

거리에는 사람이 있다

시장에 가는 마음으로 하릴없이 가로수길을 걷다가 우연히 아는
사람을 만났다. 금속공예를 하는 후배였는데 바로 뒷길에 공방이 있
단다. 거리에 서서 간단히 안부를 주고받고 다음에는 꼭 시간을 내서

일부러 찾아오겠노라고 언제 지킬지 모르는 약속을 하고 헤어졌다.

문득 뉴욕의 길거리에서 만난 호세가 떠올랐다. 서울로 돌아온 후에도 가끔씩 뉴욕에 갈 일이 있는데, 그때마다 마치 의식처럼 가서 걷는 길이 있다. 브로드웨이에 있는 헌책방을 돌아보고 레코드가게에 잠시 들른 후 소호에 가보는 것이다. 상점처럼 거리로 나와 있는 갤러리를 쇼윈도 너머로 힐끗 살펴보고 새로 생긴 카페를 구경하는 일종의 순례길이다. 언젠가 그 길을 건너는데 뒤에서 누군가 '아미고!'라고 외쳤다. 돌아봤더니 호세였다. 호세는 소방회사에 근무하는 남미계 미남 청년이다. 업무상 안면이 있었고, 서로 이름 대신 '친구'라고 부르긴 하지만 가끔 저녁에 바에서 마주치는 정도의 사이였다. 남미 사람 특유의 과장된 몸짓으로 반갑게 인사하며 안부를 묻고 다시 가던 길을 갔다.

호세와 후배처럼 뉴욕과 서울이 겹쳐진다. 거리에서 아는 사람을 만난다는 것. 내가 누군가를 알고 누군가가 나를 알아봐준다는 사실은 사소하지만 소중하다. 그도 그럴 것이 아파트 주차장에서 직장 주차장까지 자동차로 출퇴근하는 동안 아는 사람을 우연히 만나기란 산에서 고래를 만나는 것만큼이나 어렵기 때문이다. 아는 사람을 만난다는 건 자신이 커뮤니티를 알고 그 커뮤니티에 속해 있다는 안도감을 느끼게 한다. '아는' 동네에서 '아는' 사람을 만난다는 것은 도시에서 매우 중요한 일이다.

아는 사람을 만나는 것보다 더 반가운 장면은 거리에서 유모차를 마주칠 때다. 서울에서 유모차란 얼마나 희귀한지 아파트 단지나

마트 같은 실내에서나 가끔 볼 수 있는 정도다. 유모차의 작은 바퀴가 지나기에 길들이 너무 울퉁불퉁하고 주차된 차를 피하다 보면 금세 아이를 둘러업고 유모차를 접게 된다. 거리에서 아이쇼핑을 하면서 유모차를 밀며 걷는 젊은 엄마를 한참 동안 바라보았다. 가로수길은 분명 도시의 거리인 것이다.

그런데 서울시의 '걷고 싶은 거리' 조성 계획을 살펴보다 보면 우리는 가로수길의 미래를 어느 정도 예상할 수 있다. 가로수길의 성공에 흥분한 시청은 가로수길을 특화거리로 지정한다. 입구에는 알록달록한 상징 조형물을 설치한다. 보도를 넓히고 벤치를 설치한다. 간판 정비를 위한 예산을 집행하고 업주들을 설득해 간판을 통일시킨다. 가로수길의 특성을 강화해야 한다며 가로수를 더 심거나 잎이 울창한 나무로 교체한다. 그리고 낡은 건물을 하나 사들여 그 터를 작은 공원으로 만들고 시민에게 편의를 제공한다며 홍보한다. 또, 주차 시설이 절대적으로 부족하니 이를 해결할 방침을 쏟아낸다. 결국 주말을 '차 없는 거리'로 지정한다. 시행 후 효과를 보고 전면 실시의 가능성을 약속한다. 주변의 건물주들은 늘어나는 유입인구를 맞이하기 위해 하나둘씩 주차장을 갖추거나 급한 김에 인도에 억지로 자동차를 올려놓는다. 대기업이 이런 황금시장을 놓칠 리 없다. 대기업 커피 전문점과 빵가게가 등장하며 공방이기보다는 패션 매장에 가까운 상점들이 늘어난다. "포인트 카드 있으세요?"라는 대기업의 친절한 응대 매뉴얼이 거리를 지배한다. 거리는 그렇게 아무 특징 없는 길이 되고 가로수만 무성한, 지루하고 인정머리 없는 길이 되어버리고 만다.

정말로 해야 할 일은 서울에 더 많은 가로수길을 만드는 것이다. 벤치가 없어도 좋고, 작은 공원이 들어오지 않아도 좋다. 대신 모든 길에 인도를 만들고 자동차가 올라오지 않도록 한다. 자동차를 피해 조심스럽고 불편하게 걸을 필요가 없는 안전한 거리는 상점의 쇼윈도와 어우러져 지루하지 않은 '진짜 도시의 거리'를 만든다. 이런 거리가 다름 아닌 가로수길인 것이다. 나는 서울의 모든 거리가 가로수길처럼 바뀌길 바란다. 가로수길과 같은 '우리 동네'에서 이웃들과 인사하며 지내는 삶을 꿈꾼다. 진정으로 걷고 싶은 거리, 진정으로 살고 싶은 도시를 말이다.

도시의 계절은 쇼윈도에서 시작된다

가로수길을 빈틈없이 메우고 있는 상점들은 도시의 거리가 소통하고 숨 쉬는 방법을 교과서처럼 보여준다. 도시에서 상점의 역할은 매우 지대하다. 거리를 청소하고 장식하며 밤늦게 길을 밝히는 것은 물론, 이 모든 것들을 통해 걷는 이들에게 끊임없이 볼거리를 제공한다. 도시의 풍경과 분위기, 계절의 변화는 그 상점들이 책임을 지는 것이다. 그러나 상업이란 말은 공공프로젝트에서 상상조차 할 수 없는 금칙어가 되었다. 사-농-공-상이다. 엽전을 젓가락으로 집어 건넸다는 양반의 체면이 오늘날에도 살아 있는 것이다. 대규모 개발 사업이 민간이 아닌 공공기관에 의해 이뤄지는 서울의 현실이 상업적인

뉴욕의 거리(위, 가운데)와 가로수길(아래). 가로수길에서 외국의 거리에
온 것 같다고 느끼고 환호하는 것은, 유모차를 밀면서도 안전하게 걸을
수 있는 진짜 도시를 만났기 때문이다.

것들을 도시에서 내몰고 있다.

2007년 서울시는 유서 깊은 동대문운동장을 헐어내고 그 땅에 디자인 지원센터를 짓기로 결정했다. 동대문시장 일대가 중국을 비롯한 외국인 관광객들의 필수 코스가 되면서 패션쇼장이나 디자인 지원센터 같은 시설이 필요했기 때문이다.

서울의 자랑거리가 될 세계적인 건축물을 만들기 위해 국제 공모를 통해 설계를 담당할 건축가를 선정하기로 했다. 나는 이 프로젝트에서 관계 당국자에게 통역은 물론 외국 건축설계 관행이나 계약 관계에 관한 조언을 담당하는 전문위원으로 참여하게 되었다. 국제 설계공모인 만큼 전문위원의 역할은 광범위했다. 우선 설계 방향에 관한 지침을 작성해야 했다. 어떤 용도의 건물을 어느 정도 크기로 원하는지 자세히 설명해야 했고, 무엇보다 대지의 성격을 자세히 알려줘야 했다. 외국인 건축가에게 동대문 지역의 특수성을 설명하는 일은 결코 쉽지 않았다. 낮 두 시보다 새벽 두 시에 유동 인구가 많다는 것을 무슨 수로 설명해야 할지 난감했다. 다음으로는 건축주인 서울시를 대신해 해외 유명 건축가들에게 참가 여부를 타진해야 했다. 몇 번의 불미스런 국제 공모 때문에 의심의 눈초리로 바라보는 해외 건축가들이 간혹 있어서 이 또한 쉬운 일이 아니었다.

그리고 심사를 진행해야 하는 일이 남아 있었다. 공정성을 기하기 위해 심사위원 역시 과반 이상 외국인으로 구성되어 있었는데, 나는 이들을 섭외하는 일에서부터 항공편이나 숙소 예약까지 모두 처리해야 했다. 뭐 하나 녹록지 않았다. 어떤 건축가는 심사위원보다는 출품 작가로 초대받기를 원한다며 고집을 피우기도 했다. 마지막으로는 당선된 건축가와 설계비 등의 조건을 협상하는 과정이 기다리고 있었다.

설계공모의 심사는 순조로웠고, 이라크 출신의 여성 건축가 자하 하디드Zaha Hadid가 당선되었다. 국내와 해외에서 각각 네 명의 건축가들이 초청되었으므로 국내 건축가가 당선되었더라면 더 좋았겠지만 건축가의 국적을 따지는 시대는 지난 지 오래고, 국제적인 홍보 효과를 생각하면 외국인 건축가들을 피하기만 할 일은 아니었다. 게다가 하디드는 한국의 전통 건축이나 동대문 지역의 특수한 상황에 대해 집요할 정도로 연구한 후에 이를 설계안에 반영한 터였다.

그런데 그 후부터 난항이 시작됐다. 예산으로 책정한 설계비는 국내 기준으로 보면 충분하고도 남았지만 하디드 측은 거의 두 배의 설계비를 요구했다. 설계 기간도 1년 이상을 요구했다. 사정은 잘 이해하지만, 규정대로 일하는 공무원들과 뜻을 굽히지 않는 건축가 사이에서 겨우 합의점을 찾아 일을 진행하기가 쉽지 않았다. 대부분 예산과 관련된 문제였는데, 정서적 차이로 뜻을 굽히지 않는 외국인 건축가를 설득하는 것이 더 어려웠다.

그 첫째는 주차장에 관한 것이었다. 하디드는 동대문 지역의 복잡한 교통 사정을 충분히 이해하고 있었지만, 지하에 주차장을 만든다는 것에는 불만을 표시했다. 주위에 지하철 노선이 네 개나 지나고 있어서 대중교통이 편리한데 군이 지하주차장을 만들 이유가 없다,

오히려 넉넉한 주차 공간이 승용차를 부르고 다시 교통난을 가중시킬 게 불 보듯 뻔하다고 주장했다. 서울시는 건축가의 취지에는 공감하지만 상인들의 편의를 위해서는 지하주차장이 필수라고 맞서면서 결국 주차장을 만드는 것으로 결론이 났다.

얼마 전 부산의 한 백화점이 세계 최대의 단일 상점으로 공인을 받았다. 이 백화점은 면적이 9만 평에 이르는데 무려 4천 대의 자동차를 주차할 수 있다. 이전까지 가장 큰 상점은 뉴욕의 메이시스 백화점이었다. 그런데 메이시스 백화점은 맨해튼의 한 블록을 다 차지하는 거대한 건물이지만 단 한 대의 자동차도 주차할 공간이 없다. 미국 내 대부분의 백화점이 마찬가지며, 특급 호텔에도 주차장이 없는 현실에 익숙한 건축가에게 이를 설득하기란 쉽지 않았다. 다음은 상점에 관한 것이었다. 동대문 디자인 플라자DDP의 설계 핵심은 동대문운동장 부지를 공원으로 만들고, 대로변에는 디자인 지원센터를 짓는 것이었다. 당선작은 건물을 기울여 공원이 건물에까지 이어지는 획기적인 안이었다. 건너편에서 보면 미끈한 모양의 유선형 건물이지만 반대편 공원에서 바라보면 녹지가 계속되다가 하늘에서 도시와 만나는 형태였다.

동대문운동장 철거가 끝나고 본격적으로 공사가 시작될 즈음 뜻밖에도 멀쩡한 유물들과 성곽이 7미터나 깊은 곳에서 발견되어 모두를 놀라게 했다. 일제가 운동장을 짓기 위해 성벽을 허물고 주위에 있던 야산을 뭉개서 지대를 편평하게 했던 것이다. 이 성벽을 보존하면서 공원으로 만드는 것 또한 중요한 지침사항이었다. 건축가는 건물은 별 문제가 없겠으나 성벽 복원으로 공원이 분리되면 공원 후미진 곳이 우범지대로 전락할 수 있다고 염려했다. 그들은 그 해결책으로 상점이 있는 거리를 제안했다. 일본 도쿄의 롯폰기처럼 한적하고 외진 곳에 명품매장을 몰아넣는다면 상점 자체가 보안등이자 파출소 같은 방범 시설이 될 것이며, 볼거리가 있는 근사한 거리가 될 것이라는 주장이었다. 나는 내심 찬성하면서 공무원들의 반응을 살폈다. 영어로 설명한 내용이 나의 불필요한 통역을 거치는 동안 참석자 모두 이미 내용을 알아들었는지 표정은 굳어져갔다. 그들은 주차장 문제보다 더 난감해했다.

"상업 시설은 안 됩니다. 서울시에서 하는 일에 상업 시설을 넣는다면 이권이나 다른 문제가 발생하고 장사나 해먹는다는 오해의 소지가 생겨서 곤란합니다."

참석자 중에 가장 높은 직위의 공무원이 단호하게 말했다. 나머지 참석자들은 같은 내용을 제 입으로 말해도 되지 않는 상황에 안도했다. 큰 틀에서는 찬성하지만 역시 규정에 맞게 일을 처리해야 하고, 또 그 뒤에 따르는 후유증이 걱정되었을 것이다. 상점을 지어서 팔아야 하는지, 아니면 임대로 이어가야 하는지. 시민 단체의 비난과 반대를 어떻게 설득해야 할지, 서울시의 체면은 어떻게 되는지……. 헤아릴 수 없을 만큼 많은 문제를 안고 상점을 넣는 것보다는 쾌적한 공원을 만들겠다고 하는 것이 훨씬 품위 있는 결정임이 분명했다. 회의가 열리는 중에도 밖에서는 동대문운동장과 지하상가의 상인들이 대

뉴욕의 메이시스 백화점은 자칭 세계 최대의 상점이지만 단 한 대의 주차 공간도 없다.

책을 요구하며 시위를 하고 있었으니 분쟁의 불씨를 처음부터 만들지 않는 것이 현명해 보였다. 건축가는 몇 마디 더 부연하려 했지만 이미 결론이 난 뒤였다. 회의가 끝나고 점심을 먹으며 건축가는 내게 아쉽다는 듯 말했다.

"솔직히 건축가 입장에서는 상점이 없는 것이 더 나을 수 있어요. 매끈하고 깔끔하게 건물을 끝낼 수 있으니까요. 간판처럼 건물 이미지를 해치는 군더더기가 붙지 않는 것은 좋은 일이죠. 완공 후 사진을 찍어 잡지에 내기에도 좋을 테고요. 하지만 도시의 측면에서, 시민의 관점에서는 그리 바람직한 결정은 아닌 것 같군요."

서구의 공원에는 대개 담장이 쳐져 있고 밤에는 이를 잠그고 폐쇄하기도 한다. 마약 거래나 각종 범죄의 우려 때문인데 이러한 현실에 익숙한 외국인 건축가의 노파심일 수도 있지만, 그가 정말 아쉬워한 것은 사람을 불러모을 수 있는 거리였다. 도쿄의 롯폰기 같은 곳은 민간 업체가 개발을 주도했지만, 한국에서는 대규모의 개발 또는 재개발이 관에 의해 주도되는 게 현실이다. 건축가에게 이 사실을 설명하자 알겠다는 표정을 지어 보였다.

광화문 '광장'은 왜 어색할까?

2009년 개장한 광화문광장은 아직까지 논란거리다. 그보다 몇 년 앞서 생긴 시청광장도 사정은 크게 다르지 않다. 물론 광화문이 제

모습을 찾았고, 시청앞도 온통 자동차로 미어터졌던 시절에 비하면 진일보했지만 두 광장은 여전히 찬사보다는 비판 앞에 놓여 있다.

'세계 최대의 중앙분리대'라는 비아냥거림이 말해주듯 별다른 시설 없이 광장이라는 이름만 붙인 결과다. 이에 대한 논의가 몇 번 있었다. 그러나 도로 포장 문제를 거론하거나 '나무를 심자'는 등의 착하기만 한 목소리가 힘을 얻을 뿐이어서 아무래도 유럽이나 미국 등지에서 보아오던 '도시 광장'이 되기는 힘겨워 보인다. '걷고 싶은 거리'처럼 서울시에서 공을 들이면 들일수록 광화문광장은 일반적인 도시 광장에서 멀어지는 느낌이다.

단순한 공터가 아닌 광장이 되기 위해서는 몇 가지 건축적 조건이 필요하다. 일단 주요한 건물에 인접해 있는 것이 좋다. 유럽의 광장이 대개 성당이나 시청 앞에 펼쳐져 있는 것이 좋은 예다. 서울의 두 광장은 이 조건을 충족하고 있다. 그러나 도시의 광장은 건물로 둘러싸였을 때 비로소 작동한다. 이것이 둘째 조건이다. 모스크바의 붉은광장이나 북경의 천안문광장 같은 사회주의 국가에서 흔히 보이는 권위적 광장이 아니라면 말이다. 셋째, 명확한 형태를 가지고 있어야 한다. 베니스 산마르코광장의 정방형이나 시에나 캄포광장의 기하학적인 반원형 형태처럼 말이다. 형태를 갖춘다는 것이 단순해 보일 수도 있지만, 사실은 심대한 건축적 의미를 함축하고 있다.

광장은 공공의 공간이다. 공간이란 말 그대로 비어 있는 장소를 말한다. 그런데 이 공간의 형태가 중요하다. 물을 담는 바가지가 오목

광화문문광장(위), 마드리드 마요로광장(가운데), 시에나 캄포광장(아래). 마드리드의 정방형 광장, 씨에나의 반원형 광장처럼 도시의 광장은 명확한 형태를 가지고 있어야 한다.

한 형태를 이루고 있어야 하듯, 사람을 담는 광장은 일정한 형태를 가지고 있어야 한다. 마치 어렸을 적 만들던 모래집 같은 것이다. 주먹을 쥐고 모래를 덮고는 '두껍아 두껍아 헌집 줄게 새집 다오' 하며 모래를 다진 후 주먹을 빼내면 주먹 모양의 공간이 생긴다. 도시의 광장도 바로 이렇게 만들어진다. 그런데 비우는 과정을 통해 광장의 형태를 먼저 갖추게 되면 광장을 에워싸고 있는 건물은 자연스럽게 찌그러진 형태를 갖게 마련이다. 즉, 반듯한 모양의 바가지로는 물을 담을 수 없듯이 광장 주변의 건물이 제각기 반듯한 모양을 갖고 있다면 광장이 분명한 형태의 공간을 갖기가 불가능하다. 공적인 공간, 즉 광장을 얻기 위해서는 주변 건물의 희생이 뒤따를 수밖에 없다. 공공의 이익을 위해 사적 이익을 어느 정도 희생한다는 것. 그래서 한 도시가 품은 이상과 뜻이 시각적 형태로 나타나는 것이 바로 광장이다.

광장의 마지막 조건은 상업 시설이다. 단도직입적으로 말하자면 도시의 거리는 상점 들이 즐비한 길을 말한다. 마찬가지로 도시의 광장은 상점들이 에워싸고 있는 공터를 말한다. 파리의 샹젤리제 거리에 늘어선 가게들이 없었다면, 베니스의 산마르코광장을 에워싼 카페가 없었다면 그곳의 광장은 그저 답답한 지옥이었을 것이다. 쇼윈도를 눈으로 살피고 카페에서 차를 마시는 상업적인 행위들과 상점이 사람들을 광장에 머물게 한다. 광화문광장이나 시청광장에서 생수 한 병 사서 마시려면 바다같이 넓은 길을 건너고, 광장을 가로질러야 하는 것과는 퍽 대조적이다.

건축가 루이스 칸_{Louis I. Kahn}은 20세기 건축을 완성했다는 평을 받는 미국의 건축가다. 쉰이 넘어서야 첫 건축물을 지었는데, 그 후 그가 작업한 모든 건축물은 건축사에서 중요한 의미를 갖는 문화재가 되었다. 그는 재료의 물리적 특성을 반영한 절제된 형태, 극적인 빛의 도입으로 건축을 철학적 경지에 올려놓았다.

그런데 흥미롭게도 그의 첫 건축물과 마지막 건축물이 길 하나를 사이에 두고 나란히 있다. 둘 다 예일대학 미술관이다. 그가 끝내 완공을 지켜보지 못했던 유작은 처음 건축물과 상당한 차이와 발전을 보인다. 내부 동선 구성이나 구조적인 문제 해결이나 빛을 체계적으로 처리하는 모습은 건축가로서의 기량이 완숙한 경지에 이르렀음을 증명한다. 특이한 점은 그의 유작인 '영국 미술관'의 1층을 상점으로 채우고 있다는 것이다. 그의 작품에 대한 유일한 비판은 도시적이지 못하다는 것이었다. 대개 허허벌판이나 공원에 세워진 그의 건물들은 사색과 관조의 공간을 만들어내기는 하지만 주변 환경에 대해서는 무관심하거나 외면하는 듯 보였다. 이런 비판을 의식한 칸은 결국 상점을 선택했다. 예술이라는 근엄하고 존귀한 존재도 도시에서는 상업성과 결합해야 빛을 발할 수 있다는 진리를 깨달은 것이다.

도시都市라는 한자어는 도읍都과 시장市이 합쳐진 말이다. 도시에는 시장의 기능이 필연적으로 포함됐다는 뜻이다. 도시의 성격을 군사도시, 위성도시, 행정도시, 교육도시 등으로 분류하기는 하지만 상업도시라는 말은 없다. 이미 도시라는 말 속에 상업의 의미가 포함되어 있으므로 동어반복이기 때문이다. 도시 자체가 상업적인 필요에 의해서 탄생했다. 물물교환의 장소로 시작되어 그 편리함이 확장된 형태가 도시다. 따라서 시장은 가장 도시적인 장소다. 남대문시장이 고궁과 수려한 자연을 제치고 서울 최고의 관광 명소가 될 수 있었던 이유다. 이태원이 거리를 빼곡히 채우고 있는 상가가 없었다면 외국인이 즐겨 찾는 거리가 되었을지 되돌아봐야 하고, 동대문 상가가 밤새도록 북적거리는 이유에 대해서도 생각해봐야 한다.

따지고 보면 서울만큼 상업적인 도시도 없다. 건축가들이 고민 고민해 만든 건물은 간판에 가려 보이지 않을 정도다. 버스정류장 안내 방송 때마다 "이 정류장에서 내리시면 ○○안경원이 있습니다"라는 짤막한 광고가 붙어나온다. 버스는 안팎으로 광고로 도배가 되어 있고, 좌석 등받이도 예외일 수 없다. 지하철 열차 안에, 밖에, 천장에, 스크린도어에도 광고가 있다. 거리의 간판은 말할 것도 없고, 고지서에까지 광고가 딸려나오는 도시가 바로 서울이다.

그럼에도 건축에서만큼은 "상업적인 것은 안 돼"라는 위선적인 말 한마디가 서울을 도시에서 멀어지게 한다. 한국의 도시, 특히 서울이 도시성을 갖지 못하고 엉거주춤하고 있는 까닭은 상업적 건축을 배격하는 근엄하고 엉뚱한 체면과 현실적이지 않은 청렴 의식 때문이다. 간판이 건물의 전면을 가리고, 버스 등받이에도 광고를 집어넣은 상업성은 웬일인지 건축에 이르러서는 필요악 정도로 취급당한다.

공공의 공간을 문화적인 시설로 해결하려는 시도는 착해 보이기는 하지만 실효성이 떨어지는 정책이다. 그리고 그 패인을 시민 의식에 돌리는 태도는 더욱 위험하다. 프랑스의 카페, 영국의 펍, 미국의 바처럼 도시를 윤택하게 만드는 공유 공간은 모두 상업 시설이라는 점을 염두에 두어야 한다. 상업은 탐욕스럽지 않을뿐더러 저급하지도 않다. 오히려 그것 때문에 사람들은 도시로 몰려든다.

쇼핑몰이 죽어야 도시가 산다

도시에 대한 오해 중 하나는 쇼핑몰을 도시적인 건축으로 인식한다는 것이다. 도시의 거리에 늘어선 일반 상점과 일산의 웨스턴 돔같이 거대한 쇼핑몰은 전혀 다른 개념이다. 쇼핑몰은 서구적이며 현대적이지만 도시적이지는 않다. 오히려 반대쪽의 의미가 강하다.

쇼핑몰은 정확히 말하면 미국식 오일장이다. 매일 시장을 열 만한 규모가 아니어서 5일에 한 번씩 여는 것이 오일장이다. 마찬가지로 인구가 적은 미국의 교외에서도 띄엄띄엄 커다란 쇼핑몰을 만들어 놓고 사람을 모으는 것이다. 교외에서 자동차로 20~30분 거리에 사는 사람들을 대상으로 하는 것이니 대개 반경 30킬로미터 정도에 쇼핑몰이 하나씩 있다.

쇼핑몰은 교외 전원생활의 유일한 결핍, 즉 도시적 풍경을 만든다. 다시 말해, 가짜 도시를 만드는 것이다. 도시의 번화가처럼 상점이 늘어서 있는 거리를 대신하는 것이 쇼핑몰이다. 2차 대전 이후 미국의 도시가 피폐해지고 전원도시로 대규모 이동이 시작되자 쇼핑몰도 발전을 거듭했다. 날씨에 영향을 안 받도록 커다란 건물을 지어놓고 그 안에 거리를 재현했다. 특이한 건축이 시작된 것이다. 천장이 높은 아트리움이 있는 실내로 들어서지만 그곳은 거리다. 비를 가리고 냉난방이 되기도 하지만, 성격으로 본다면 분명 거리이며 외부다. 누구도 물건 구매를 재촉하지 않으며 왜 왔는지 묻지도 않는다. 오히려 찾는 가게가 어디쯤에 있는지 안내 데스크에서 물어야 한다. 누구의 소유도 아닌 거리(복도)를 걸으며 쇼윈도(진열대)에 놓인 상품을 눈으로 쇼핑하기도 하고 아이스크림을 사 먹기도 하는 도시의 거리 특성을 고스란히 지니고 있는 것이다. 요즘엔 노천카페를 흉내 낸 커피숍도 등장하고 가로등이나 휴지통, 공중전화 같은 것들을 설치해서 한껏 도심 거리의 풍경을 연출하기도 한다.

쇼핑몰에는 두 가지 필수 요소가 있다. 넓은 주차장과 앵커 테넌트Anchor Tenant라고 부르는 사람을 모으는 주요 시설이 있어야 한다. 걸어서 쇼핑몰에 오는 사람은 없으므로 주차장은 당연한 말이다. 앵커는 TV 뉴스를 진행하는 사람처럼 쇼핑몰의 중심이 되는 대규모 매장을 말한다. 놀이공원이나 대형 할인매장 또는 극장 같은 시설이 주로 앵커 테넌트가 된다. 이 집객 시설로 향하는 길목이 중요하다. 사람이 많이 다니는 거리가 형성되고 이 거리를 따라 매장이 배치된다. 사실상 쇼핑몰의 주된 수입이 여기에서 나온다. 밑지고라도 사람을 모을 수 있는 시설을 유치하게 되는 것이다. 그런데 특이하게도 이 가게들은 대부분 큰 회사에서 운영한다. 옷가게나 신발가게나 책방 할 것 없이 모두 대기업에서 운영하거나 자신들의 상표를 내걸고 있는 것들로 채워진다. 커피나 아이스크림도 마찬가지다. 여기에는 몇 가지 이유가 있다. 아무것도 없는 곳에 세워지는 쇼핑몰은 어느 정도 자본이 있어서 미리 투자할 수 있어야 하기 때문이다. 검증된 상표여야 하고, 장사가 잠시 어렵더라도 문을 닫지 않고 버틸 수 있어야 한다. 문을 닫은 가게가 한 곳이라도 나타나면 쇼핑몰의 분위기는 금방 어두워진다.

이렇게 만들어진 쇼핑몰은 도시를 모방하고 있다. 거리와 상점을 흉내 내서 만든 작은 가상 도시이지만, 사실은 가장 반도시적인 건축이다. 주차장을 완비한 쇼핑몰은 주변의 거리를 죽게 하고, 결국 도시 전체를 폐허로 만들어버린다. 그렇게 아파트와 쇼핑몰만 살아남게 되고 그 사이를 자동차로 움직이는 동안 거리와 상점들은 걷는 문화와 함께 사라진다.

서울에서의 쇼핑몰은 그 모습을 달리한다. 아파트마다 있는 상가는 작은 쇼핑몰이다. 거리에 펼쳐져 있어야 할 상점들을 거리를 등지고 2~3층으로 쌓아놓은 것이다. 대형 마트는 전형적인 쇼핑몰이다. 대형 할인매장을 앵커로 해서 다양한 상점들이 주차장을 갖추고 한곳에 모여 손님을 유혹하는 전형적인 쇼핑몰이다. 요즘 문제시되는 기업형 대형 마트[SSM]와 재래시장의 첨예한 갈등은 쇼핑몰과 거리의 대결이 한국적 상황으로 나타나는 현상이다. 다만, 시장 상인들은 생존을 피부로 느끼며 저항하는 것이며, 거리는 그마저도 자각하지 못하고 서서히 퇴화하고 있는 것이다.

뉴욕에는 보도에 올라와 있는 자동차가 한 대도 없고(정말로 한 대도 없다), 지하도나 육교 같은 자동차 중심 시설은 찾아볼 수도 없다. 어떤 곳이든 보행자들이 걸어서 혹은 유모차를 밀면서 갈 수 있다. 이렇듯 모든 사람들이 도시와 교감하며 편하게 걸어 다닐 수 있는 곳이 진정한 거리며 도시다. 엄격한 법과 질서로 유지되는 미국 사회에서도 도심에서의 무단횡단(그들의 용어로 제이워킹)이 거의 무제한으로 허용되고, 자동차는 인간의 영역을 침범한 죄인 또는 필요악으로 그 소리를 낮추고 산다. 최소한 한 뼘 높이의 인도에 올라서야 사람들은 안심하고 걷는다. 그리고 그 위를 자동차의 침범 없이 걷는 사람들이 거리의 활기를 만들고 거리는 다시 도시의 풍경을 만든다. 그렇다면 무엇이 그들을 걷게 하는가? '걷고 싶은 거리'를 만들고 여기에 나무를 더 심고 벤치를 놓아서일까?

정답은 이미 모두가 알고 있다. 진정 도시를 걷게 만드는 것은 상점이다. 거리에 빠짐없이 채워진 상점 쇼윈도는 도시 생활을 규정하는 가장 중요한 요소다. 상점은 거리의 활력일 뿐 아니라 밤거리를 밝히는 가로등이며 보안등이자, 거리의 청결함과 쾌적함을 감시하는 거리의 파수꾼이다. 보행자들에게 볼거리와 잔재미를 끊임없이 제공하는 거대한 미술관이기도 하다.

도시의 상점은 진정 걷고 싶은 거리를 만든다. 세계적 브랜드의 화려한 매장에서부터 담배와 신문을 파는 작은 구멍가게에 이르기까지 거리를 따라 늘어선 상점들은 도시 문화의 필수 요소다. 또한 거리는 주차장을 갖춘 대형 할인매장과 대결할 수 있는 경쟁력 그 자체다. 거대 자본과 대기업이 지배하는 이때 더불어 사는 세상의 가능성과 희망을 거리가 보여주는 것이다.

마을버스에 마을은 없다

마을버스에는 마을이 없다.

마을버스는 길가의 동네 세탁소나 치킨 집, 과일가게를 고속도로변의

입간판처럼 무심히 스치는 풍경으로 만든다.

수백 번은 마주했고, 최소한 서너 번은 들렀던

동네의 잘 아는 가게들이지만 마을버스에 올라타면

차창 너머로 늘어선 간판에 불과하다.

편리함을 위해 생긴 마을버스는 마을과 마음을 서로 멀게 만든다.

마을버스는 이 동네를 가장 값싸게 벗어나는 방법이다.

걸으면서 얻을 수 있는 이웃과 마주할 기회보다는

지하철이 가까이 있지 않다는 불만이 더 크다.

그 불편함과 박탈감을 절대 걷지 않음으로써 없애려 한다.

편리하고 빠르다는 믿음 속에서.

그러나 마을버스는 좁은 길에서 다른 자동차와 마주칠 때마다

비켜주고 기다리느라 어떤 때는 걷는 것보다

오히려 시간이 더 걸린다. 그래서 과속과 급정거는

마을버스의 대명사요, 전매특허다.

매일 보는 운전사 아저씨와 인사하고 '마을' 이웃과

이야기를 나누는 정겨운 시골버스의 모습과는 사뭇 다르다.

마을버스는 정감 어린 '마을'을 없애고 있다.

차 없으면 연애도 못하는 도시

〈섹스 앤 더 시티〉에서처럼, 뉴욕의 하루는 걷기로 시작해서 걷기로 끝이 난다. 부자든 가난뱅이든 걷기는 뉴요커의 기본이다. 그러다 보니 검은색 정장과 더불어 두툼한 가죽가방은 그야말로 머스트해브 아이템이다. 지하철에서 읽을 책이나 신문과 우산을 들고 다녀야 하기 때문이다. 여자들의 경우 핸드백 외에도 하이힐과 갈아 신을 운동화를 넣을 보조가방을 가지고 다니는 것이 뉴요커의 상징처럼 되어 있다. 그만큼 걸을 일이 많다는 거다.

겨울에는 멀쩡하게 정장을 입은 채 털모자를 쓰거나, 귀마개를 하기도 한다. 눈이나 비가 오는 날에 등산용 부츠는 보통이며 어릴 적에나 신던 장화를 신거나 방수 덧신을 신는 경우도 있다. 패셔니스타에게는 악몽이겠지만 생각해보면 남다른 감각을 선보일 수 있는 절호의 기회이기도 하다.

귀국 후 교수로 부임한 뒤, 한동안 차 없이 지내보기로 했다. 돈이 모자라기도 했지만, 대부분을 걷거나 대중교통을 이용하는 뉴요커 행세를 해보려는 허세도 있었다. 허나 걷는 일은 만만치 않았다. 우선 대로를 제외하면 확실한 인도가 없었다. 인도를 구분하겠다고 페인트로 선을 그어놓은 곳은 그나마 사정이 낫지만, 선이 있든 없든 이미 길 양편으로 차들이 주차돼 있었다. 잠시라도 차가 걷는 사람을 위해 기다려주는 법이 없다. 앞뒤에서 다가오는 차들은 비키라고 으르렁거리지만 길 옆에는 이미 다른 차가 주차되어 있다. 억울한 표정으로 뒤돌아보기라도 하면 시끄러운 경적이 되돌아온다. 결국 귀퉁이로 물러서서 차가 지나가길 기다려야 한다. 가던 길을 계속 가다 보면 좁은 길에서 마주친 차 두 대가 자존심 싸움을 하고 있다. 곧 버스와 트럭과 승용차가 사람 하나 빠져나갈 틈도 없이 엉키게 되고, 다시 등 뒤의 오토바이가 재촉한다. 마치 정글에서 길을 잃고 야수들에 둘러싸여서 타잔의 구원만을 기다리는 형국이다.

마침내 다다른 큰길에는 또 다른 복병이 있다. 널찍한 인도가 펼쳐지지만 차들이 주차되어 있다. 분명 차도는 차의 길이고 인도는 사람의 길이건만, 서울에서 자동차는 악어와 같은 양서류다. 인도와 차도를 자유롭게 넘나드는 자동차의 모습은 분명 서울에서만 볼 수 있는 진풍경이다.

어디선가 호각 소리가 들렸다. 야수로부터 나를 구해줄 타잔의 고함인가 했지만, 인도로 올라가라고 경찰관이 손짓하고 있었다. 앞을 막은 자동차를 피해 걷다가 병원 앞에 이르러서는 더 이상 어쩔 수 없어 잠시 차도로 내려간 것이었다. 경찰은 인도에 올라온 악어 같은

인도를 점령한 자동차들(위)과 한국 최고의 건축가 승효상이 설계한 한 광고회사의 사옥(아래). 이 광고회사는 문화적 기업을 표방하고 있지만 주차에 대한 유혹은 견디기 힘들었던지 보행인을 위한 휴식 공간 등의 용도로만 활용할 수 있는 공공용지를 주차장으로 쓰고 있다.

차가 아닌 나를 꾸짖고 있었다. 아무 일도 아니라는 듯 그는 인도에 주차된 자동차에는 무관심했다. 다시 인도에 올라서자 벽에 붙어 있다가 서서히 꿈틀거리는 악어 자동차들이 앞뒤에서 재촉했다. 양심은 있었던지 경적을 울리지는 않았다. 하지만 그 순간 나는 평범한 보행자가 아니었다. 서둘러야 할 출근길을 가로막는 이 도시의 장애물이었다.

한번은 북촌에 살면서 광화문으로 출근하는 친구에게 물었다. 도심을 걸어서 출퇴근할 수 있으니 얼마나 좋으냐고. 그러자 의외의 대답이 돌아왔다. 친구는 별 약속이 없어도 차를 타고 다닌다는 것이다. 주차장을 나와서 막히는 시내 길을 지나 다시 지하주차장에 주차하는 게 걷는 것보다 시간이 훨씬 많이 걸리지 않느냐고 걱정하자 친구가 다시 말한다.

"걷게 되면 왠지 사람이 초라해져서……."

그 설명할 수 없는 불쾌한 기분, 거리 사람들의 화난 듯한 표정, 빚을 내서라도 자동차를 사는 이유. 그리고 이 모든 것을 설명하는 초라해 보인다는 말…….

담배꽁초라도 하나 버리면 완장 찬 공무원이 득달같이 달려와 단속을 하고 벌금을 물리지만, 자동차는 인도에 올라와 버젓이 주차해도 아무도 뭐라고 하지 않는다. '녹색교통운동'에 따르면 서울시 보도에는 백 미터 당 네 대 이상의 자동차가 주차되어 있고, 이를 면적으로 따지면 서울시 보도의 23.7퍼센트라고 한다. 사정이 이렇다 보니 정작 인도의 주인공들은 이리저리 피해서 걸을 수밖에 없다. 도시의 기본적인 인프라라고 할 수 있는 한 뼘 높이의 인도가 없어서 걷는 이를 초라하게 만들고, 상전인 듯 으스대는 자동차를 피하다 보면 도시의 주인은 왠지 작아지고 위축된다. 걸어본 사람은 안다. 서울의 거리가 걷는 이를 얼마나 초라하게 만드는지. 이쯤에서 얼치기 뉴요커 행세는 그만두어야 했다. "택시!"

매일 택시로 출퇴근할 수는 없어서 버스를 타기로 했다. 학교에서 멀지 않은 곳에 살았지만 마을버스를 한 번 타고 일반버스로 갈아타야 했다. 모두들 서두른 탓에 물기가 채 마르지 않은 긴 머리의 직장 여성이나 면도를 방금 마친 회사원들이 내뿜는 비누 냄새가 돌아온 서울에서 탄 마을버스의 첫 기억이었다. 그러나 뉴욕에서 입던 기다란 코트를 한복 입은 아주머니들처럼 부여잡으며, 동시에 서류가방을 움켜쥐고 손잡이까지 잡아야 하니 손이 모자랄 수밖에 없었다. 그렇게 출퇴근 시간 붐비는 마을버스 안에서 어설픈 자세로 내내 웅크리고 가야 했다. 버스 안은 잠이 덜 깨서 힘들어하는 사람들, 직장이나 학교에 늦지는 않을까 마음 급해 보이는 사람들, 이 모든 것을 더한 걱정과 초조의 공기가 지배했다. 마을버스의 아침 풍경은 비누 냄새와는 달리 그리 상쾌한 것이 아니었다.

퇴근길 마을버스는 음산하기까지 했다. 아침에 비해 배차 간격이 넓어서인지 버스에 올라타고도 족히 10분은 기다려야 출발했다. 피곤에 지친 다른 승객들은 멍한 표정이거나 이미 졸고 있었다. 걷는 초라

함은 피했지만 서민의 삶이란 얼마나 슬픈 일인지 알고 있느냐는 듯
모두 인상을 찌푸리고 있었다. 생기까지는 아니더라도 최소한의 눈인
사를 건넬 여유도 없이 지친 표정들이었다.

　초라하고 힘겨운 여행 끝에 도착한 학교 앞 버스정류장에서 건물
까지 이르는 길은 등산 코스라 해도 무방하다. 가파른 언덕을 2백 미
터가량 오르자면 가쁜 숨을 몰아쉬느라 좋은 경치도 상쾌한 아침 공
기도 잊게 된다. 몇 번인가 영문과 김 교수님과 함께 이 등산을 하게
되었다. 김 교수님은 평생 자동차를 가져본 적이 없다고 하셨다. 학자
에게 그리 급할 일이 있을 것도 없고, 일부러 시간을 내서 러닝머신
위를 걸으며 운동을 하느니 차라리 평소에 걷는 게 낫다는 것이다. 그
래서인지 정년을 1년 남짓 남겨둔 연세에도 불구하고 걸음이 가볍고
빨라서 같이 걷기가 부담스러울 정도였다. 그런데 학교 정문에 도착
했을 때 나는 이상한 점을 발견했다. 정문 수위 아저씨는 정문을 통과
하는 자동차에 대고 연신 거수경례를 하고 있었지만, 걸어 오르는 노
교수에게는 아무런 인사도 하지 않았던 것이다.
　"얼굴을 몰라서겠죠……."
　매번 이런 상황이 연출되자 마뜩찮아하는 내게 김 교수님이 달래
듯 말씀하셨다. 아무리 그래도 어린 대학원생이 탄 차에도 경례를 하
면서 교수님께 인사도 안 한다며 불평을 이어가자 김 교수님은 우리
의 가마 문화와 연관이 있지 않겠냐고 조심스레 이야기를 꺼내셨다.
중국에서는 아직도 승용차를 가마차轎車라고 부른다고 한다. 우리도

그와 크게 다르지 않아서 옛날 옛적에 고관대작이나 탈 수 있었던 가마의 상징과 권위를 자동차가 고스란히 이어받았지 않았겠느냐는 것이다. 그렇기 때문에 자동차를 타는 사람이나 걷는 사람이나 사람보다 자동차의 권위를 높게 인정한다는 것이다.

자동차는 현대판 가마다. 그리고 마을버스는 현대판 피맛길이다. 잘 알려져 있듯 종로의 피맛길은 큰길을 지나는 고관대작의 가마와 마차를 피하기 위한 일종의 보행자 전용도로였다. 마을버스 역시 자동차 눈치를 보고 불편하게 걷느니, 추위 속에서 10분을 기다리더라도 절대로 걷지 않겠다는 결연한 의지며 저항이다.

이제 거리는 걷는 곳이 아닌 지나가는 곳이 되면서 마을은 피폐해졌다. 이웃과 마주칠 기회가 줄어들고 결국 이웃과 담을 쌓고 지내게 된 것이다. 마을버스는 그 정감 있는 이름과 달리 절대로 걷지 않겠다는 약속의 대명사다. 더 나아가면 걷기는 불편한 것이고 가난의 상징이라는 생각까지 이르게 된다. 비좁은 마을버스에 올라탄 사람들은 내일은 돈이 더 들더라도, 길이 막히더라도, 내 자동차를 몰고 나가 악어가 되겠다며 대중교통에 대한 배신을 다짐한다.

뉴욕의 출근길도 걷기는 마찬가지였다. 하지만 아침 출근길이 익숙한 얼굴들과 인사를 나누고 안부를 묻는 시간이라는 점에서 서울과 달랐다. 뉴욕에서는 신문 판매대의 인도 상인에게 동전을 건네고 아침 신문을 사는 것으로 하루를 시작했다. 사탕을 물고 말을 하는 듯한

인도 사람 특유의 억양은 몇 달이 지나서야 알아듣게 되었고, 무뚝뚝했던 태도도 누그러들어서 그는 언젠가부터 '마이 프렌드'를 연발하곤 했다. 나는 매일 아침 커피숍에 들러 커피와 간단한 먹을거리를 샀다. 커피숍의 주인이나 점원과는 매일 얼굴을 보는 사이여서 자연스럽게 아침 인사를 나누었다. 새로 산 양복이 멋지다고 칭찬받아 우쭐해지기도 하고, 전날 야근을 하느라 파리해진 안색을 걱정하는 소리를 듣기도 했다. 그들은 우유를 많이 넣고 설탕을 약간만 넣는 나의 커피 취향을 잘 알고 있었다. 아침은 베이글이나 크로와상 또는 도넛으로 매일 바꿔 먹었다. 베이글은 살짝 구워서 크림치즈를 바르고 크로와상은 반으로 갈라 계란을 안에 넣었다. 도넛은 '올드패션'으로 계피향이 있지만 그리 달지 않은 것으로 골랐다. 변덕스러운 입맛이었지만 그들은 각각의 빵마다 내가 원하는 조리법을 이미 잘 알고 있었다.

그런데 마을버스에 마을은 없었다

고작해야 반경 5킬로미터 정도를 쉴 새 없이 오가는 작고 부지런한 연두색 버스는 최단거리 교통수단이자 서울에서 가장 활발한 네트워크를 가진 교통체계다. 서울에만도 그 노선이 253개이고, 평균 운행 거리는 8.5킬로미터에 노선당 정류장 수는 평균 14개 정도다. 우리가 걸어 다닐 수 있는 공간을 마을이라고 부른다면, 마을버스는 그 안에서만 움직이는 버스를 말한다. 실제로 노선버스와 비교해보면 마을버스의 역할은 더욱 명확해진다.

마을버스는 워낙 그 수도 많고 잘 조직되어 있어 계속해서 갈아타면 서울에서 대전까지 150킬로미터를 갈 수도 있는 놀라운 능력을 가지고 있다. 우이동에서 수유역, 수유역에서 미아삼거리, 또 거기에서 대학로를 거쳐 창덕궁에서 다른 마을버스로 갈아타면 광화문까지 갈 수 있다. 광화문에서는 서울역으로 용산으로 다시 영등포와 안양을 거쳐 수원으로 연결되는 식이다. PC방이 인터넷 인프라를 구축하고 IT강국의 초석을 다졌다면 마을버스는 서울 교통체계의 뿌리를 담당하는 거대한 교통망을 이룩한 셈이다.

도시에는 없지만 서울에만 있는 요소로 마을버스를 꼽는 까닭은 '양념치킨'처럼 흔히 만날 수 있는 토속적 어감의 단어가 외래어와 결합한 부자연스러움 때문만은 아니다. 도시와는 좀체 어울리지 않는 마을이라는 단어가 붙었기 때문은 더더욱 아니다. 마을버스 때문에 서울이 도시가 되지 못한다는 뜻 또한 아니다. 그보다는 오죽하면 서울에 마을버스라는 기형적인 교통수단이 생길 수밖에 없었는지를 생각해봐야 한다.

서울의 도로율은 13.6퍼센트다. 선진국에 비해 월등하지는 않지만 어느 정도 구색을 갖추고 있는 수치다. 그러나 통계의 마술은 어두운 면을 숨기고 있다. 도로율이란 전체 면적에서 도로가 차지하는 면적의 비율이다. 허나 길이로 따지면 문제가 달라진다. 서울 도로의 총연장 길이는 7천 4백 킬로미터다. 모아서 펴면 경부고속도로의 열일

곱 배나 된다. 그런데 문제는 도로의 폭이다. 12미터 이하, 즉 인도가 없는 길의 비율이 76퍼센트다. 자동차 한 대가 겨우 들어갈 폭인 4미터 이하의 골목길도 통계상으로는 도로에 속하는데 그 면적이 11퍼센트나 된다. 전체 도로 중에 인도가 설치된 비율은 34퍼센트에 불과하다. 폭이 1미터도 안 돼서 도저히 걸을 수 없는 이름뿐인 인도를 포함해도 전체 도로의 셋 중 둘은 인도가 없다는 뜻이다.

따라서 서울의 도로는 너무 넓거나 좁다. 강남 대로들은 보행신호가 떨어져도 한 번에 건널 수 없을 정도로 넓다. 그것을 보완하기 위해 도로 가운데에 섬을 만들어놓을 정도다. 하지만 바로 그 옆길은 인도가 없어 자동차를 피해 아슬아슬하게 걸어야 할 정도로 좁다. 동맥 다음에 바로 실핏줄이 이어진 것처럼, 도무지 체계가 없는 구조인 것이다.

인도를 주차장으로 만들어버린 미관지구의 역설

인도는 도시의 속옷 같은 존재다. 인도는 걷는 이들을 부드럽게 보호한다. 서울이 오랜 역사를 지닌 도시인 까닭에 인도 없는 좁은 골목길이 많은 것은 차치하더라도, 인도가 너무 넓은 탓에 자동차가 그 위로 올라오고, 그로 인해 걷는 것이 고역이라면 그건 분명히 문제가 있다. 그렇다면 이렇게 인도가 지나치게 넓어진 이유는 무엇일까?

서울의 대로변은 보통 미관지구로 지정이 되어 있다. 미관지구는

데이비드 하비의 《포스트모더니티의 조건》에 실린 비틀리에의 만화. 근대화 과정 속에서 고대 도시 구조를 파괴하면서 파리의 대로 문화가 만들어지고 있음을 비판하고 있다. 기존의 도시 조직을 무시하고 모두 헐어버린 후 단 몇 채의 건물과 쾌적한 공원을 만드는 것이 20세기 전반 도시개발의 전형적인 양상이었다.

말 그대로 도시의 미관을 확보하기 위한 구역이다. 미관지구는 19세기 말 전원도시의 영향을 받았다. 전원도시란 유럽에서 도시화가 본격적으로 진행되면서 용량을 초과하는 대도시의 대안으로 나온 개념으로, 에베네저 하워드Ebenezer Howard라는 영국의 아마추어 이론가가 제창했다. 도시 인구가 폭발적으로 증가하던 19세기 말, 런던 등 대도시 주변에 위성도시를 건설해 공원 같은 집에 살며 공원 같은 길을 통해 공원 같은 일터로 출퇴근하겠다는 발상에서 출발한 이론이다. 물론 소도시에나 적용할 수 있는 이론이었고, 실제로 실현된 예는 없다. 그런데 스위스 태생의 프랑스 건축가인 르코르뷔지에Le Corbusier는 전원도시의 아이디어를 좀 더 건축적으로 확장했다. 1920년대에 들어서 그는 '빛나는 도시'를 제안한다. 인구를 3백만 명으로 가정하고 전체 도시를 노동, 주거, 위락, 교통의 네 개 구역으로 나눈다. 각 구역은 고속도로로 연결되며 건물을 고층으로 지어서 도시 전체의 90퍼센트를 녹지로 만드는 것이 요체였다. 이에 대해 뉴욕의 도시 비평가 제인 제이콥스 Jane Jacobs는 위의 두 가지 이론을 합쳐서 '빛나는 전원도시'라고 조롱했다. 그들이 추구했던 것은 전원도시라기보다는 도시라는 삶의 중심을 해체하는 탈중심주의라 평하며 도시를 파괴하려는 시도였다고 비난한다. 거리의 풍요로움, 얽히고설킨 대도시의 문화생활, 도시의 생태계를 무시하고 오로지 주거의 쾌적함에 초점을 맞춘 단순무식한 이론이란 것이다.

'전원도시'도 '빛나는 도시'도 둘 다 실현된 적은 없지만 몇몇 현대 도시의 기저에 여전히 무의식처럼 남아서 직간접으로 영향을 끼치고 있다. 녹지와 쾌적함을 부르짖는 서울시 광고만 봐도 그렇고, 도시를 업무지구, 주거지역으로 나누는 것이나 도심에서 오래된 건물을 헐어내고 고층건물을 세운 뒤 주변을 공원으로 만드는 재개발 방식도 이 영향이 크다. 서울 무교동이 그 많은 건물들과 기억을 헐어내고 단 몇 채의 건물로 재개발한 것이 좋은 예다. 또 이 쾌적함을 내세운 이론 덕분에 건축물의 고도 제한과 지역지구제 같은 제도가 생겨나 유행했다. 서울의 경우, 강남 개발 당시 이 영향을 특히 많이 받았다. 초기의 강남대로는 수목이 멋스럽게 늘어진 중앙분리대가 있었고, 도로 양편으로는 역시 녹지로 구분된 자전거 도로가 있었다. 이렇게 꾸민 것은 강남대로 대부분이 미관지구로 지정되었기 때문이다. 미관지구에서는 건축물의 규모도 비슷하게 맞추고 외관도 심의를 거쳐 조화를 이루도록 한다. 도로가 답답하지 않도록 대개 건물을 도로에서 3미터 정도 뒤로 물려 짓게 한다. 이를 건축법규 용어로는 건축선 후퇴라고 하는데, 후퇴 후 남게 되는 공간은 공공용지가 된다. 각각 건물을 위

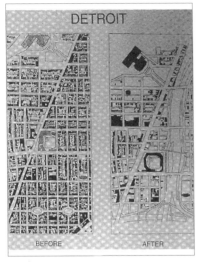

〈서린동〉　〈청진동〉

디트로이트의 재개발 전후(왼쪽)와 무교동 일대(오른쪽)의 블럭 비교. 개발이 완료된 서린동과 아직 개발
이 본격화되지 않은 청진동의 모습이 재개발 후 《론리 플래닛》이 선정한 최악의 도시 디트로이트의 변
화 모습과 상당히 유사하다.

한 용도로 쓸 수는 없고 보행인을 위한 휴식 공간 같은 용도로만 활용
할 수 있다. 사유지이기는 하나 공공의 영역인 셈이다. 그러나 건물주
들은 자본주의 사회의 사유지 개념은 철저히 알고 있지만, 공공용지
의 개념은 금세 잊어버리고 여기에 주차를 한다. ○○빌딩 전용주차
장이라고 표시해놓은 곳도 있다. 심지어는 이곳을 유료주차장으로 만
들어 돈을 받는 사람들도 있다! 후퇴해야 하는 깊이가 3미터이고 자
동차의 길이는 보통 5미터지만 비스듬히만 주차하면 튀어나온 뒷부
분은 "뭐 그럴 수도 있지" 하며 관대하게 이해한다. 아예 건축물을 5미
터 이상 뒤로 후퇴해서 짓고 전면을 주차장으로 만드는 경우도 있다.

건물 앞 '公共공간' 시민에게 돌려주자

'인도 위 불법주차 추방' 오세훈 시장도 나서

건물 앞 공공 공간에 대한 조선일보 기사. 서울시에서는 이미 2008년 공공 공간, 인도 위의 주차 문제에 대해 파악하고 종합대책을 내놓기도 했지만 2011년 현재, 별다른 개선의 기미가 없다.

자동차 전체가 사유지 안에 들어와 있는데 그게 무슨 문제냐고 강변한다. 그러나 문제는 여전히 남아 있다. 주차를 하기 위해 차가 인도를 밟는 그 순간 불법이 된다. 자동차를 기중기로 들어 인도를 거치지 않고 빌딩 앞에 주차한다 해도 불법이다. 앞에서 말했듯 이 공간은 순수한 사유지가 아니라 규제를 받는 땅이기 때문이다. 공공을 위해 제공하겠다고 약속을 했고 그 조건으로 건축 허가를 받은 것이다.

한번은 어느 구청에 자문위원으로 위촉되어 디자인 거리 조성에 참여한 적이 있다. 서울시가 2007년 디자인 수도로 지정되면서 각 구청마다 예산을 배분해 특성화 거리를 하나씩 정해서 재정비하라는 지침을 내렸을 때다. 간판이나 보도블록 교체 같은 단골메뉴들이 먼저 등장했다. 그 구청에서 지정한 거리는 대형 식당이 모여 있는 곳이어서 지하철역 주변이지만 자동차가 언제나 인도를 가득 메우고 있는 곳이었다. 발언 기회가 돌아왔을 때, 나는 인도에 주차를 하는 야만적인 행위부터 규제하는 것이 디자인 거리 조성의 첫걸음이라고 말했다. 순간 분위기 좋던 자문회의에 불청객이 끼어들었음을 감지한 참석자들의 표정이 어두워졌다. 아무도 말이 없었다. 어색한 분위기를 돌리려는 듯 회의를 주재하던 부구청장이 말했다. "사유지라서 규제가 어렵습니다." 그 후 자문회의에서는 나를 더 이상 부르지 않았다.

그린벨트도 사유지이지만 그 안의 건축 행위 규제는 공공용지보다 훨씬 더 심하다. 지금 그들이 주차하고 있는 곳은 엄연한 공공의 땅이다. 미관지구에서 사람을 위한 길인 인도에 차가 주차되어 있는 상황은 형용모순이며, 엄격하게 말하자면 불법이다. 도시를 아름답고 살기 좋게 만들고자 고안한 것이 미관지구 아닌가. 그런데 편하고 쾌적하게 이용하고자 인도를 널찍하게 만든 것이 오히려 화근이 된 것이다. 이것이 바로 미관지구의 역설이다.

이처럼 서울의 인도는 점점 텅텅 비어가고 있다. 그리고 그 자리를 자동차가 메우는 악순환이 계속되고 있다. 게다가 걷기의 초라함과 구차함을 피하려 마을버스에 올라타면서 서울의 보도는 점점 걷기 불편해지고 더욱 황폐화되고 있다. 이제는 걷는 동안 도시를 느끼고, 이웃과 인사하며, 때로는 싸움 구경도 하는 정겨운 거리가 아닌 것이다. '셔틀' 개념의 마을버스가 늘면서 도시의 거리는 될 수 있으면 빨리 통과해야 하는 길이자 자동차라는 맹수가 들끓는 위험한 정글이 되었다. 그렇기에 작고 귀여운 연두색 마을버스는 무늬가 예쁜 독버섯과 같다. 거리에서 사람을 몰아내고, 동네 사람들 간의 소통을 단절하는 마을버스는 명백한 반도시의 증후이면서 그 증후를 악화시키는 원인인 셈이다.

4 우리 주변엔 너무나 많은 울타리가 있다

City Life   방음벽

서울은 스스로 울타리를 두르면서 자발적인 게토가 돼가고 있다.

방음벽은 그 자체의 흉물스런 모습만이 문제가 아니다.

장벽은 소음뿐 아니라 바람도 사람도 풍경도 막아선다.

도시의 풍경은 자연과는 달리 시민의 노력과 희생으로 만들어진다.

공공의 이익을 위해 개인의 이익을 포기하고

소집단의 사사로운 이익을 희생하는 것이 도시적이라면,

방음벽은 분명 반도시적 증표다.

아파트나 학교 주위를 둘러싼 방음벽은 도시성의 후퇴다.

소음을 줄인다는 사적인 쾌적함을 위해

그보다 훨씬 더 큰 비용을 도시 전체에 지우는 것은

천민 자본주의가 낳은 행태라고밖에 볼 수 없다.

혹자는 선진국에서도 방음벽을 설치한다고 강변하지만,

그것은 도심이 아닌 고속도로 주변 교외에서나 벌어지는 일이다.

도심에 방음벽을 높게 세우기를 당연시하는 풍토는

한국 건축이 도시라는 새로운 공간적 배경에 적응하지 못한 결과이며,

도시성에 대한 철학과 의식이 부족한 건축가들 또한

그 책임에서 자유로울 수 없을 것이다.

방음벽은 우리를 보호하지 않는다

영등포 방향으로 지하철 2호선을 타고 가다 보면 합정역을 지나 자마자 전철이 땅 위로 솟아오른다. 답답했던 지하터널을 뚫고 나오 자마자 시원스레 한강을 가로지르기 시작하는 것이다. 안내 방송이 없다면 어디쯤인지도 모르고 졸고 있을 지하철에서 당산철교 교각 사 이로 쏟아지는 햇살은 뜻밖의 선물이다. 이렇듯 이곳 양화진에서 지 하철은 짧게나마 관광열차로 변신한다. 파랗게 흘러가는 강물이 하늘 과 만나고 양쪽으로 펼쳐진 강변과 그 뒤의 건물들은 살아 있는 도시 의 멋을 만끽하게 한다. 한강의 여백이 있어 서울은 숨을 쉬고 그나마 연명한다. 낙조라도 만나게 되면 천지사방이 황금빛으로 물든다. 명 나라 사신으로 왔던 중국 사람 예겸倪謙이 이곳을 둘러보고는 다음과 같은 시로 묘사했다고 한다.

먼 산이 중첩되어 푸른 병풍이 둘러 벌인 것 같은데, 긴 바람은 바다 쪽에서 불어와서 선들선들 옷에 부니 호연한 마음 만 리의 물결을 헤치는 뜻이 있으니 참으로 장쾌한 구경이다.

_예겸, 〈양화진 묘사〉, 《신동국여지승람》, 1449(세종31년)

한강을 호사롭게 건너던 감동이 사라지기도 전에 기차는 당산역 앞에서 다시 방음벽의 터널 속으로 묻힌다. 푸른 병풍 같다던 산 대신, 사람 하나 들어갈 틈만 떼어놓고 금속제 병풍이 코앞에 붙어 서 있다. 벽에 촘촘히 새겨진 작은 홈은 소리뿐 아니라 시커먼 먼지와 쓰레기도 붙잡고 있다. 벽은 녹이 슬기도 하고 매연에 그을리기도 해서 SF 영화에 나오는 폐허 속 한 장면이 따로 없다. 이 터널 아닌 터널을 달리는 동안, 땅 밑과는 또 다른 폐쇄공포를 느끼며 다시 고개를 신문으로 떨어뜨린다.

방음벽은 서울에만 있는 장벽이다. 처음부터 방음벽이 있었던 것은 아니다. '기찻길 옆 오막살이 아기아기 잘도 잔다'라는 동요 가사처럼, 예전에는 불가피한 소음으로 받아들였던 것이 도시의 인구밀도가 높아지면서 차츰 방음벽을 필요로 하게 되었고, 이제는 서울 어디를 가나 찾아볼 수 있는 풍경이 되었다. 고속도로 주변은 물론, 차량 통행이 드문 이면도로에까지 설치되어 있다. 요즘은 아파트 공사를 시작하면 먼저 거대한 장벽부터 설치하는 일이 일상화되었다.

처음엔 금속제 방음벽 일색이었지만, 이젠 그 소재도 다양해져서 나무나 매끈한 철판 또는 유리로 만든 것도 있다. 처음 설치된 투명 방음벽은 영문 모른 채 부딪쳐 죽는 새들의 무덤이 되기도 한다. 또 시간이 지나면 유리에도 먼지가 쌓여 반투명해지는데 이를 좋다고 해야할지 의문이다. 대안인지 장식인지 모르겠지만 담쟁이넝쿨을 감아놓은 방음벽도 있다. 그러나 축축 늘어지는 여름에 매연을 뒤집어쓴 담쟁이넝쿨을 보면 아름다워서가 아니라 미안해서 마음이 처연해진다.

방음벽은 주변에 시끄러운 도로나 철길이 있을 경우 소음을 차단하기 위한 목적으로 설치한다. 소리가 위로 퍼져나가 다시 괴롭힐 수있으므로 최대한 높게 만들고 끝을 도로 쪽으로 구부리거나 아예 터널같이 도로를 감싸버리는 경우도 있다. 미안했던지 천장을 유리로 덮고 환기를 위해 반쯤 열어두는 배려도 잊지 않는다. 하지만 푸르른하늘을 놔두고 꾀죄죄한 먼지 구덩이가 눈앞에 펼쳐진 풍경을 기분좋게 바라볼 리 없다.

어디를 가나 방음벽을 볼 수 있을 정도니 서울은 점점 중세 도시처럼 금속의 성곽도시가 되어간다. 가장 거대한 장벽은 서울 외곽을지나는 순환고속도로 주변이다. 이중 삼중으로 높은 장벽을 만들고바깥으로 구부려서 적의 침입을 막는 문자 그대로 철옹성이 되었다.이 성을 빠져나가는 통로는 더 견고한 벽으로 둘러쳐져 있다. 경부고속도로 시내 구간에는 5~6층 높이는 족히 되는 방음벽이 둘러쳐져있다. 벽이 가로등보다 높아서 가로등을 지주 없이 머리만 떼어서 벽에 매달아놓은 모습은 기괴하기까지 하다. 물론 이 모든 방음벽은 구청 예산으로 설치된다.

이제 방음벽을 소음이 많이 발생하는 고속도로나 철길 부근뿐 아

니라, 평범한 주택가 도로 주변에도 쌓아올린다. 그야말로 사방을 방음벽으로 둘러싸는 것이다. 전통적인 담장 개념이 방음벽과 만난 듯하다. 아파트 주변 못지않게 방음벽을 많이 볼 수 있는 곳이 학교다. 조용한 학습 환경을 위해 설치했다지만, 학교 건물보다 높게 세운 탓에 밖에서는 건물이 보이지 않을 정도다. 또 운동장에 서면 높은 벽사이로 네모난 하늘만 처량하게 보여 감옥에서 오랜만에 운동 나온 죄수가 된 느낌이다.

돌아보면, 학교는 마을의 중심이었다. 조기축구회 모임 장소가되고 산책지가 되기도 했다. 운동회가 열리는 날에는 집에 아이가 없어도 학교로 달려가 구경하고 참여하는 진정한 축제가 벌어졌다. 아이들의 달리기를 응원하고 오재미를 박에 던져 터뜨리기도 했다. 줄다리기에서 힘을 쓰기도 하고, 운동장에 펼쳐진 간이 시장에서 솜사탕을 사 먹기도 했다. 봄가을 소풍은 또 어떠했던가? 시장이 대목인 듯 붐비고 읍내는 흥분의 도가니였다.

이처럼 마을 커뮤니티의 중심이었던 학교를 견고한 성채나 감옥처럼 만드는 것은 학생이나 커뮤니티 전체에 엄청난 재앙이다. 학교의 방음벽 설치가 도심이나 교외를 가리지 않기에 더욱 치명적이기도 하다. 방음벽은 평범한 동네에 자리한 학교마저 주변 지역으로부터 완전히 분리한다. 우리의 아이들이 감옥 같은 학교에서 방음벽으로 잘린 네모난 하늘을 바라보며 자라는 것이다. 그러면서 그들의 부모도 살아본 적 없는 따뜻하고 푸근한 고향을 교과서에서 배운다.

이런 곳에서 자라나는 학생들은 도시를 어떻게 생각할까? 더럽

고 지저분하며 소음만 가득해서 피하고 멀리해야 할 곳이라 여기는
게 당연하지 않을까? 이런 환경에서 자라다 보면 아이들은 어릴 적부
터 도시에 대한 오해와 편견을 몸으로 배우게 된다. 자신들의 고향인
도시를 제대로 못 누리고 자라는 것이니 어찌 불행하다 하지 않을 수
있을까. 이들이 자라서 그리게 될 학교의 기억과 고향의 모습이 방음
벽으로 뒤덮인 장면뿐이라면 그보다 안타까운 일은 없을 것이다.

21세기형 게토는 어떻게 만들어지는가?

　방음벽의 문제는 흉물스런 모습이 다가 아니다. 거대한 장벽은
소음뿐 아니라 바람도 사람도 풍경도 모두 막아선다. 풍경은 도시가
가지고 있는 일종의 공공재다. 해나 바람이나 공기같이 누구도 독점
할 수 없는 공공의 재산이다. 더욱이 도시의 풍경은 자연과는 달리 시
민의 노력과 희생으로 만들어진다. 길가에 빨래를 널지 않고, 우중충
한 뒷모습을 보이는 대신 창가에 작은 화분이라도 내놓는 것은 그런
이유에서다. 공공의 이익을 위해 개인의 이익을 어느 정도 포기하고
소집단의 사사로운 이익을 희생하는 것이 도시적이라면 방음벽은 분
명 반도시적 증표다.
　기찻길 옆 오막살이에서도 방음벽 없이 잘도 자던 아기들이 커
서는 작은 소음도 못 견디게 되었다는 사실은 도시성의 후퇴를 의미
한다. 사사로운 쾌적함을 위해 그보다 훨씬 더 큰 비용을 도시 전체에

서울시내에서 흔히 볼 수 있는 방음벽(위, 가운데)과 영화 〈피아니스트〉의 한 장면(아래).영화 〈피아니스트〉에서 묘사된 게토의 모습과 서울의 한 초등학교 주변의 방음벽은 놀랄 만큼 유사하다.

지우는 것은 이기적이라고밖에 볼 수 없다. 환경의 나라, 환경 대국이라고 자부하는 일본의 도심에서도 덜컹거리는 전철 주변에 낮은 주택이 온전히 모습을 드러낼 뿐 방음벽은 찾아볼 수 없다.

방음벽의 난립은 서울을 자발적인 게토로 만든다. 여기서 말하는 게토Ghetto란 서양 도시의 낙후된 구역을 가리킨다. 한때 번성했지만 빈곤층이 몰려와 살면서 전체적으로 열악한 주거 환경이 된 곳. 슬럼과 비슷하지만, 우리의 달동네가 도시의 변두리에 있고 가난하기는 해도 치안은 나쁘지 않다는 점에서 차이가 있다. 원래 게토는 중세 유럽의 유대인 거주 구역을 가리키는 말이었다. 나라가 망한 후 유대 민족은 고향을 떠나 방랑하는 디아스포라를 겪는다. 이때 유럽에서는 이들을 예수의 고향에서 온 사람들인 동시에 예수를 죽인 죄인이며, 이교도로 취급했다. 고로 성도 가질 수 없는 천민 취급을 받았고, 직업을 갖기도 어려워 당시 기독교 사회가 기피하던 일밖에 할 수 없었다. 14세기, 페스트가 유럽을 휩쓴 이후 불온한 세력으로 간주된 유대인들은 교회에서 멀리 떨어진 지역에서 살도록 격리됐다. 다른 지역과는 높은 벽으로 차단했는데, 이를 게토라 불렀다. 게토는 어원지인 베니스는 물론 로마, 독일, 동유럽에까지 퍼졌다. 18세기 말, 유대인이 해방되며 게토는 점차 없어지는 듯했지만 2차 대전 때 독일에서 다시 부활한다. 6백만 명의 유대인을 학살한 나치는 점령하는 곳마다 게토를 설치하고, 사형장으로 가기 전에 유대인들을 강제로 수용했다. 장벽 밖으로는 야간 출입이 금지되었고, 외출할 때에는 유대인

표식을 달아야 했다. 2002년에 개봉한 영화 〈피아니스트〉에는 장벽으로 둘러싸인 게토에 갇힌 사람들의 겁먹은 표정이 실감나게 그려져 있다.

게토는 여전히 도시의 슬럼가를 가리키는 말로 쓰이지만, 시간이 흐르면서 장벽은 사라졌다. 하지만 오늘날 게토의 첫 주민이었던 유대 민족이 물리적인 장벽을 쌓아 게토를 다시 만든 것은 역사의 아이러니다. 2000년부터 이스라엘이 팔레스타인 점령 지역에 장벽을 세우고 봉쇄했다. 국제적으로 그것을 비난하는 여론이 거셌지만, 세계에 퍼져 살고 있는 유대인들의 비난은 특히 더 남달랐다. 이스라엘이 자신들의 조상이 겪었던 것과 똑같은 방법으로 다른 민족을 탄압한다는 사실 때문이었다. 유엔은 2004년 장벽 철거를 권고하는 결의안을 발표했다. 사람들의 자유로운 통행뿐 아니라, 시각적 소통마저 제한하는 비인도적인 처사를 전 세계가 규탄한 것이다. 이 장벽에는 낙서가 가득하다. 미국과 당시 대통령이었던 부시를 조롱하는 욕설에서부터 장벽 건설에 도움을 준 서방 기업의 로고까지 다양한데, 그중 마음을 뭉클하게 하는 문구 하나가 있다.

Fear builds walls, hope builds bridges.
두려움은 장벽을 세우고, 희망은 다리를 만든다.

오늘날 전 세계를 통틀어 팔레스타인과 서울에서만 살아남은 장벽은 우리가 사는 곳을 게토로 만들고 있다. 높은 장벽으로 외부와 단절하는 중세의 게토를 자발적으로 만들고 있는 것이다. 서울에서 그토록 높은 벽을 쌓아 막는 까닭은 어쩌면 소음 때문이 아니라, 타인과 스스럼없이 지내는 도시 생활에 대한 막연한 두려움 때문이 아닐까?

방음벽을 넘어설 해결책은 있다

방음벽이 서울에만 있는 반도시의 징후라면 외국의 다른 도시들은 어떻게 소음을 견디며 살아갈까? 특별히 시민 의식이 뛰어나서 온갖 소음을 견디는 걸까? 아니면 베토벤처럼 귀라도 먹었단 말인가?

방음벽을 세워야 할 정도의 소음이 있는 땅은 사실 주거지로 적당하지 않다. 강을 향해 탁 트인 전망을 가진 땅은 비싸다. 또 남향이어서 하루 종일 햇빛을 받는다면 값이 비싸다. 하지만, 북향인 데다 경사가 져서 하루 내내 햇빛을 받을 수 없는 땅이 있다면 이는 불리한 조건이므로 값이 싸게 될 것이다. 마찬가지로 방음벽을 세워야 할 정도로 소음이 심한 도로가 있다면 그 주변은 경제 가치가 낮게 마련이다. 조용한 지역과 비교해보면 땅값도 집값도, 그 집의 임대료도 쌀 수밖에 없다. 그 불리한 조건을 방음벽으로 무리하게 개선하려는 것은 시장 원리나 경제 원리에 맞지 않다. 지구를 뒤집어 북향을 남향으로 돌릴 수 없듯이, 소음이 심한 땅을 조용한 곳으로 만들기는 어렵다. 시끄러운 대지를 싸게 사 놓고서 조용한 곳으로 바꾸어달라고 칭

얼댄 결과가 방음벽 설치다. 그렇다고 해결책이 아주 없는 것은 아니다. 소음이 심한 곳에는 아파트가 아닌 건물을 지으면 된다. 소음이 심한 대로변은 바꾸어 생각하면 그만큼 교통이 편리하다는 뜻 아닌가. 여기에 맞는 건물의 용도가 분명히 있다. 불가피하게 아파트를 지어야 한다면 그 구조가 일반적인 아파트와는 달라야 한다. 땅마다 조건이 다르므로 그 환경에 맞게 설계하고 지어야 하는 것이다. 가령, 전망이 좋다면 그 방향으로 거실이나 안방 같은 생활 공간을 배치해야 한다. 참을 수 없을 정도의 소음이 있다면 그 방향으로 창고나 욕실 복도같이 사용 빈도수가 낮은 방들을 배치하면 된다. 그러나 대체로 이런 고려 없이 호젓한 산중에나 어울릴 법한 아파트를 지으려 하니 방음벽이 필요해지는 것이다.

대지와 상관없이 똑같은 평면 구조를 고집하는 경우는 학교도 마찬가지다. 학교 하면 떠오르는 장면이 있다. 미루나무가 줄지어 심어져 있고 정문을 들어서면 운동장이 펼쳐진다. 운동장을 가로질러 본관이 있고, 국기게양대를 중심으로 완벽한 좌우 대칭을 이루고 있다. 교실들은 운동장 즉, 남향을 바라보고 있으며 그 뒤로 난 복도로 연결되어 있다. 군대 막사와 연병장을 닮은 이 공간 구조는 일제강점기 이후 전국에서 수없이 반복되었다. 인구가 적은 시골의 전형적인 학교 모습이 서울이라는 도심에서도 그대로 반복된 것이다. 수업에 지장이 있을 정도로 소음이 크다면 건물의 방향을 틀고 교실의 배치를 바꾸는 도시형 학교로 지어야 한다. 권위적이며 시대착오적인 방식으로 도심에 학교를 짓고, 이를 방음벽으로 보존하겠다는 발상은 역시나 도시성과는 거리가 먼 태도다.

건축은 대지에 적응한다. 더구나 도시의 건축은 자연의 형세뿐 아니라 주변 환경을 고려해야 한다. 각각의 대지는 사람 얼굴만큼 각각의 특색을 가지고 있다. 장점을 잘 살리고 단점을 없애는 것이야말로 건축의 임무다. 우리의 전통 건축 또한 이와 다르지 않다. 대지의 조건과 제한을 이해하고 이에 알맞게 집을 앉히고 배치를 했는데, 대표적 예로 창덕궁을 꼽을 수 있다.

경복궁이 조선의 정궁이었지만 세계문화유산에 창덕궁이 먼저 등재된 데는 그만한 이유가 있다. 경복궁은 한국의 궁궐 건축의 전형을 따르고 있다. 한국식이라고는 하지만 사실은 중국을 비롯한 동양의 일반적인 궁궐 배치 형태다. 경복궁은 북악산을 등지고 남쪽을 향해 앉아 국왕의 위엄을 과시한다. 겹겹으로 된 문과 회랑을 지나서 근정전에 도착하는 공간의 전개 과정은 중국의 그것과 큰 차이가 없는 배치다. 그러나 창덕궁은 정문이라고 할 수 있는 돈화문을 들어서자마자 급하게 오른쪽으로 돌았다가 다리를 건너고 나서는 다시 왼쪽으로 돌아서야 인정전에 도착할 수 있다. 지형과 먼저 세워진 다른 건물에 적응한 결과다. 건축의 주변 환경이 왕궁의 전형적인 배치도 변형할 만큼 강력한 조건이라는 뜻이다.

삼청동, 가회동의 한옥은 어떠한가? 흔히 보는 한옥 같지만 조선시대의 일반적인 주택 구조를 변형한 일종의 개량 한옥이며 도시형 한옥이다. 좁은 대지 조건에 따라 중요한 생활 공간이었던 마당이 축소되기도 하고 'ㅁ' 자형 건축이 나타나기도 한다.

우스갯소리로 시골 쥐, 서울 쥐가 따로 있는 것처럼 버스에도 도시형 버스가 있다. 하물며 건축은 두말 할 나위 없다. 도시라는 특별한 조건에 맞는 건축이 있다. 방음벽이 난무하고 남향 아파트를 고집하며 어느 동네를 가든 비슷비슷한 학교가 많은 건 자본에 종속된 한국 건축가들의 나태와 결핍된 상상력의 결과이기도 하다. 대지에 적응하고 융화하는 도시의 아파트, 도심에서도 커뮤니티의 중심이 되는 학교를 만들기 위해서는 방음벽을 헐어내야 한다. 그래야 도시의 풍경을 회복할 수 있다.

'더 많은 자연을'을 외칠수록 서울은 활기를 잃는다

방음벽은 한국형 쾌적함을 대표한다. 도시의 혜택을 누리면서도 사적인 공간만은 자연의 고요함을 간직하길 바라는, 이기적이며 모순적인 쾌적함을 대표하는 것이다. 흉물스러운 방음벽도, 또 그것이 만드는 비정한 도시의 풍경도 마다하지 않을 만큼 쾌적함은 중요하다. 쾌적함은 한국 도시의 최대 목표이자 의미이며 별명이다. 분당도 쾌적하고 일산도 쾌적하다. 동탄 신도시도, 광교 신도시도 쾌적하게 만들겠다고 한다. 서울의 송파 지역을 신도시로 만드는 위례 신도시도 쾌적할 예정이다. 서울 도심을 대규모로 재개발하는 뉴타운에서도 쾌적함은 빠지지 않는다. 쾌적함은 넘쳐나서 은평 뉴타운의 모토는 아예 '리조트형 주거 단지'다. 서울 도심에 리조트 같은 주거 단지를 만

들겠다는 발상은 곰곰이 생각해보면 실현 가능성이 매우 떨어지는 말
이다. 그럼에도 불구하고 그것이 선전 문구가 되는 것은 쾌적함이 얼
마나 우리에게 중요한 가치인지를 새삼 일깨워준다.

1990년대에 지어진 신도시 중 가장 쾌적한 곳은 일산이다. 도시
전체의 면적에서 건물 면적의 비율 즉, 용적률이 가장 낮다. 또 면적
에 거주하는 인구의 비율을 따지는 인구밀도도 가장 낮다. 이러한 통
계는 자연스럽고 당연하게 쾌적함을 따지는 척도가 된다. 그런데 이
런 방식으로 따졌을 때 가장 쾌적한 곳은 놀랍게도 서울이다. 서울 전
체로 보면 용적률도 인구밀도도 일산보다 낮다. 수치상 가장 쾌적한
도시인 것이다. 그렇다면 신도시는 왜 만든 걸까? 가장 쾌적한 도시
를 놔두고 어째서 멀리 떨어진 곳에 신도시를 억지로 만들어낸 걸까?

	용적률(%)	인구(헥타아르당)
일산	169	174
분당	184	184
평촌	204.6	327
산본	205	396
중동	225	301
서울시 전체	95.2	169

신도시와 서울시 용적률, 인구밀도 비교(1995년 기준)

여기서 잠시 쾌적함에 대해 짚어봐야 할 듯하다. '쾌적하다'의 사
전적 정의는 '기분이 상쾌하고 즐겁다'다. 하지만 한국 도시에서 정의

되는 쾌적함은 '공지가 많고 나무가 많다'다. 공지의 질이나 쓰임새와 상관없이 도시에서 가장 전원적인 느낌을 받는 경우를 쾌적함이라 부르는 모순이 반복 재생되고 있는 것이다.

대한민국 대표 도시 서울을 매력 없고 불편하고 삭막하다고 느끼게 하는 데에는 역설적으로 '쾌적함'과 '자연'이 큰 역할을 한다. 도시적 쾌적함보다 자연과의 접촉을 유일한 쾌적함으로 간주하기 때문이다. 얼마 전 서울시는 공원도시를 조성하겠다고 발표했다. 집에서 5분만 걸어 나가면 공원이 있는 도시를 만들어보겠다 한다(《문화일보》, 2011년 3월 10일 자). 여전히, 공원과 녹지는 서울시의 가장 큰 목표다. 잘못된 진단이 병을 키우듯, '더 많은 자연을!'이라고 외칠수록 오히려 서울은 활기를 잃어간다. 문제는 한국인의 DNA에 내재되어 있는 자연에 대한 근본주의가 뿌리 깊다는 데 있다. 자연은 최대의 선이며, 조상이며 부모다. 뭐든 좋은 것을 가리킬 때 '자연스럽다'라고 표현할 만큼 한국인에게 자연은 이데올로기나 다름없다.

전통 건축과 자연관으로 보는 한양과 서울의 차이

1741년(영조17년) 봄, 겸재 정선은 〈장안연우〉라는 명화를 그렸다. 봄비가 내리는 날, 서울 장안을 북악산 기슭에서 내려다본 풍경이다. 가까이는 남산이 보이고, 멀리 관악산, 청계산 등의 연봉이 원경으로 처리되었으며, 그림 중앙에는 남대문로와 종로 일대의 만호

장안을 묘사했는데, 집과 나무와 운무가 어우러져 환상적인 도성 분
위기를 연출하고 있다. 이것이 진짜 풍경인지, 아니면 겸재가 바라는
이상적인 도성 풍경인지는 알 수 없지만, 겸재는 청계천 부근을 나무
와 구름으로 가리고 있다. 그러나, 영조36년과 49년에 대대적인 호안
정비 공사가 있기 전까지 청계천은 오물과 퇴적물이 가득한 곳이었
다. 또한 청계천 양안의 도성 분지는 당시의 세계 대도시처럼 무질서
와 불결함이 극심한 곳이었다. 물론 겸재가 거주했던 효자동 청운동
일대는 노론의 오피니언리더들이 모여 살던 곳으로 최고로 쾌적한 주
택지였다.

겸재는 인간이 오염시킨 도성의 일부는 연무로 가리고 무성한 숲
에 둘러싸인 민가와 양반가를 치밀한 운필로 묘사함으로써, 한양의
자연 친화성을 강조하려 한 듯하다. 그의 〈삼승조망三勝眺望〉(1740),
〈필운상화弼雲賞花〉(1750) 등의 명작들도 〈장안연우〉와 비슷한 구도
와 화의畵意를 가진, 도시의 자연 이데올로기를 강조한 시리즈물인 것
이다. 당시의 이런 사고방식은 집권세력인 노론뿐 아니라 당대인들의
사고가 반영된 것으로 보인다.

무성한 숲에 싸여 천연의 경관과 조화를 이루면서 쾌적한 분위기
를 만들어나간 선인들의 도시경영 실태를 이 그림에서 확인할 수 있는
바, 그 생활의 예지와 문화 역량에 새삼 탄복을 금할 수 없다. 자연을
파괴하는 무질서한 건축으로 천부의 미관을 되찾을 수 없이 망가뜨리
고 있는 현대 문화의 오류는 이런 수준 높은 우리 전통문화의 역량을

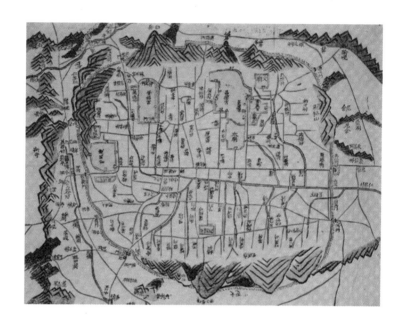

서울의 고지도들을 보면 실제 모습과 다르게 묘사되어 있다. 실제로는 불규칙한 형태이지만 지도에서는 정확한 사각형으로 표현된다. 이는 서울을 '이상적인' 도시로 표현하기 위한 노력으로 보인다.

재인식하고 자각과 반성을 거치면서 시정되어야 할 것이다.

_최완수, 《겸재의 한양진경》, 동아일보사, 2004

한국의 화가나 예술가, 건축가, 또 디자이너 들은 대부분 자신의 작업 의도를 설명하기 위해 자연을 등장시킨다. 그리하여 '자연을 닮은' '자연 같은' '자연을 생각하는' 등의 구호는 별다른 이의 없이 받아들여진다. 자연은 일종의 이데올로기로 군림하고 때마침 불어닥친 '친환경' 바람은 그대로 '친자연'으로 등치되어 위력을 이어간다. 도시나 전원 모두에서 '환경에 친근하다'는 뜻의 친환경은 '자연적이다'로 해석되는 것이다.

한국에서 유독 자연 이데올로기가 힘을 발휘하는 데는 조상에게서 물려받은 훌륭한 건축유산이 한몫한다. 조상들은 광대한 국토나 대규모의 문화유산을 남기지는 않았지만, 그 대신 평지 면적 30퍼센트의 비좁은 산악반도에서 그 자연을 최대한으로 즐길 수 있는 지혜를 물려주시지 않았던가. 동양 건축이 다 그런 것 아니냐고 간단히 말할 수도 있다. 하지만 동양에 속하는 한중일을 한데 묶어서 보기에는, 건축철학에 많은 차이가 있다. 중국이 규모라면 한국은 선이요, 일본은 색이라 했던가? 크기와 선과 색은 세 나라의 건축 특징을 잘 보여주지만, 실제로 더 큰 차이는 자연을 대하는 태도에서 볼 수 있다.

중국의 건축은 자연과 거의 무관하다. 유명한 성곽이나 궁궐 들은 주변의 지형이나 자연과 무관하게 반듯하고 질서 있게 지어졌다. 땅이 넓고 자원도 많아, 한국의 도성이나 건축물처럼 최대한 자연을

우리 주변엔 나무나 땅은 울타리가 있다

고려하려는 옹색한 노력을 할 필요가 없었기 때문이다. 한 건물이 반드시 그 장소에 있어야 할 필요도 없어서 실제로 같은 형태의 건물이 여러 곳에 지어져 있기도 하다.

일본의 건축은 또 다른 방식으로 자연을 대한다. 나무옹이 하나라도 용납할 수 없다는 듯 썰고 갈고 깎아서 끼워 맞춘다. 그리고 그렇게 해서 만들어진 자연스러움이라고는 전혀 찾아볼 수 없는 인공적인 공간이 주류를 이룬다. 마치 정교한 기계 내부에 들어와 있는 듯 다듬어진 기둥과 다다미는 정확한 크기와 비례로 짜여지고 만난다. 숨 막히는 공간을 느슨하게 풀어지게 하는 주변의 경치마저도 사람의 손을 탄 것이다. 나무 한 그루, 풀포기 하나라도 의도되지 않은 것이 없고 다듬어지지 않은 것이 없다. 돌 하나를 갖다놓더라도 계산에 따르고, 바람과 향기마저도 기획된 것이다.

이에 비하면 같은 동양 건축이라도 한국의 건축은 자연과의 자연스러운 관계를 최우선으로 고려한다. 일례로 옛 서울, 한양의 도성 배치를 들 수 있다. 서울의 배치는 풍수지리를 교본처럼 지키고 있다. 조산인 도봉, 북한산을 등지며 북악산을 북주北主로 삼고, 낙산과 인왕산을 좌청룡 우백호로 거느린다. 한 일一 자 첫 부분의 모양이 말발굽처럼 생겼음을 뜻하는 마제잠두형의 목멱산이 안산案山을 형성하고, 한강이 동에서 서로 흐르며 임수를 이룬다. 그러나 도성 배치를 보면 남쪽에 자리한 안산인 남산 때문에 남대문이 서쪽으로 치우쳐 있어 남대문과 서대문은 겨우 1킬로미터밖에 떨어져 있지 않다. 한양의 성곽 길이가 18킬로미터쯤 되니 이를 나누면 동서남북 대문 간 거리가 4~5킬로미터는 되어야 하지만, 실제로는 그렇지 않다. 서소문까지 치면 도성의 남서 방향에는 빽빽할 정도로 문이 들어서 있는 셈이다. 남대문의 위치도 정궁인 경복궁에서 보면 남쪽보다는 남서 방향에 가깝다. 따라서 경복궁의 남문인 광화문은 축선상으로 볼 때 남대문과 일직선상에 있지 않고 약간 휘어진 곳에 있다. 청나라 북경성의 영정문, 정양문, 천안문, 지안문이 남북 축선을 기준으로 1도의 흐트러짐 없이 서 있는 것과 비교하면 한양 도성은 지나치다 싶을 정도로 주변 산세와 자연에 의해 왜곡되어 있다.

자금성은 그 자체로 완벽하고 주변 요소에 전혀 영향을 받지 않는 엄정한 건축 배치의 예를 보여준다. 말하자면 자금성은 베이징이 아닌 대륙 중부 해안가의 어느 도시에든지 똑같은 형태로 재현할 수 있는 복제품의 원형 같은 것이다. 중국 건축의 냉철함과 무심함은 절집이나 일반 서민의 주택에도 고스란히 나타난다. 평지에 반듯반듯 펼쳐진 모습이 마치 사관생도의 분열 대형처럼 보이기도 하는데, 기계로 자른 손맛 없는 깍두기 같은 느낌을 준다.

도시는 태생이 인공적이다

한국의 주거 공간을 자연적 공간이라고 하지만, 거기에는 경계가 불분명한 자연과 인공의 공간이 있고 그 만남은 절묘하고 또 아름답다. 주변의 산에서 가져온 나무며 흙이며 바람이 촉촉하게 인공의 공간으로 침투하는 것이다. 굳이 곧은 나무를 고집하지 않고 적당히 휜 나무를 기둥으로 대들보로 걸쳐놓는 여유가 있다. 정원은 그저 아무 보살핌 없이 놓인 자연의 일부일 뿐이다. 자연이 스스로 씨를 뿌리고 물을 주고 가꿔서 인간에게 주는 선물이며, 그렇기에 거스르지 말아야 할 순리이기도 하다.

싸우지 않고도 이기는 한국 건축의 위업은 힘겨운 투쟁을 거쳐 자연을 제어하는 서양 건축과 비교해보면 더욱 놀라운 것이다. 우리 건축의 물아일체적 도취감은 오늘날까지 이어지고 있으나 알맹이는 사라졌다. 그 결과 자연이라는 말랑말랑하고 달콤한 이데올로기를 생산하는 데 이르렀다. 그 거스를 수 없는 자연 이데올로기가 오늘날 인구 천만의 대도시, 서울의 발목을 잡고 있다.

도시는 기본적으로 인공의 환경이며 반자연적 행위의 결과물이다. 인류가 동굴에서 걸어나온 이후로 건축 공간에 대한 필요는 언제나 있었고, 그 행위 자체는 기본적으로 반자연적이며 자연을 해치거나 대항하는 것일 수밖에 없었다. 기둥과 서까래를 만들기 위해 나무를 베고 돌을 쪼개는 일 모두 자연을 거스르는 인간의 노력이다. 인간의 경험과 이성은 단순히 추위나 맹수로부터 보호하는 공간을 만드는 차원을 뛰어넘어, 쾌적함과 문화적 기호에 이르는 다양한 가치를 표현하는 수단으로까지 건축을 발전시키기에 이르렀다. 따라서 자연에 대한 애착과 맹종이 지배하는 한국 사회에서 '도시는 자연과는 다른 인공적인 공간'이라는 메시지를 전한다는 건 이슬람 세계에서 기독교를 전파하는 것만큼이나 어려운 일이다.

이 땅에서 한국의 전통 건축과 도시는 서울 인구가 20만이 채 안 되던 20세기 초에 이미 끝났다고 해도 과언이 아니다. 근대화나 도시화가 본격적으로 시작되기 직전에 일제강점이 시작되었고, 성곽과 궁성이 파괴되고 근대주의적 신식 건축이 강제로 이식되었다. 기차역, 중앙청, 은행 또는 백화점 같은 새로운 용도와 그에 걸맞은 신식 건축 형태가 식민 공간을 만들어냈다. 도시화는 일제 식민지배와 동일시되었고, 이는 민족적 반감과 혼합되어 타도의 대상으로 굳어져갔다. 한국의 전통공간에 대한 향수는 그 대표 키워드인 자연과 어우러졌고, 그 결과 자연은 '한'이나 '흥' 같은 민족 고유의 대표어가 되었다. 한국인의 몸으로 경험했던 자연은 종교가 되고 신화가 되었다.

20여 년 전, 우리 중 가장 먼저 군대에 간 친구가 첫 휴가를 나와 이렇게 말했다. "나는 아스팔트를 사랑한다!" 그는 늦겨울에 야외훈련을 받느라 한 달가량 바깥에서 지낸 경험을 늘어놓았다. 추위에 떨며 잠을 자고 찬물에 세수를 해야 하는, 문명의 혜택과는 거리가 먼 생활. 그중 가장 고역스러웠던 건 발목까지 푹푹 빠지는 논바닥과 시골길을 걷는 일이었다고 했다. 그러면서 그는 도시의 아스팔트와 콘크리트가 그리웠다며 자신이 체험한 자연의 난폭함을 실감나게 털어놓았다. 침을 꼴깍꼴깍 삼키며 듣던 친구들은 그게 뭐 대수냐는 듯 듣고 넘겼지만, 어렸을 때 시골에서 산 나는 그 친구의 심정을 이해할 수 있었다.

서울로 이사 온 뒤 나를 가장 신나게 했던 것은 말끔하게 포장된 도로와 골목길이었다. 작은 소읍에서 볼 수 있는 포장도로라고는 고작해야 읍내를 관통하는 1번국도 정도였다. 나머지는 신작로이기는 했지만 포장도로는 아니어서 길에 울퉁불퉁한 돌들이 넘쳐났다. 게다가 밤에 심부름이라도 가려면 손전등은 필수품이었다. 비가 오는 날이면 우산은 없더라도 장화는 반드시 챙겨야 했다. 그러니 포장된 골목과 가로등이 밤을 밝히는 도시가 내게 천국일 수밖에 없었다.

누구나 자연을 꿈꾸지만 그 대상을 구체적으로 생각해보면 막연해진다. 시골에서 나물을 캐며 농사를 짓는 것이 과연 도시인들의 꿈일까? 푸근하리라 기대하는 자연은 난폭해지기도 하며, 한적함은 고독이 되고 여유는 무료함이 된다. 초기에 주로 교외에 자리 잡은 노인 주거가 실패한 이유도 여기에서 찾을 수 있다.

노인들이 번잡한 도시보다는 자연을 선호하리라는 맹목적인 믿음이 가장 큰 원인이었다. 생각해보라. 별달리 할 일이 없는 노인들에게 자연의 한적함은 오히려 고통이 아닐는지. 그보다는 대중교통이 발달하고 공연장이나 미술관 같은 문화시설이 있고 의료 시설이 잘 갖춰진 도심이 노인 주거에 적합하지 않을까.

도시는 분명 자연의 혜택보다는 문화와 문명의 혜택에 초점이 맞춰져 있다. 자연과 문화는 상대적 개념으로 성립하는데, 여기에서 자연은 나무와 흙, 맑은 물 같은 구체적인 대상보다는 말 그대로 스스로(自) 그러한 것(然), 다시 말해 인간의 의지와 무관하게 스스로 존재하는 대상의 통칭으로 보아야 한다. 같은 맥락에서, 문화는 인간의 지력으로 창조한 여러 종류의 제도와 사회적 공간에 관한 광범위한 개념이다. 따라서 도시는 문화의 산물이다. 도시가 함의하고 있는 반자연적 성격 때문에 비난받는 것은 온당치 못하다. 이성적 계획과 그 결과로 나타나는 도시적 풍경은 자연의 풍광만큼이나 가치가 있기 때문이다. 그러므로 도시는 자연보다 열악하고 타도해야 할 악이 아니라, 자연과는 다르지만 나름의 생태계적 질서와 미덕을 지닌 인간 최고의 발명품으로 보는 게 옳을 것이다. 그래서 오늘도 우리는 도시를 보고 도시를 경험하고 도시의 공기를 느끼기 위해 유럽으로 여행을 떠나는 것 아닌가?

따지고 보면 모든 건축물이, 심지어 흙을 이용해 지은 건축물까지도 인간의 지혜와 이성이 빚은 반자연적이며 인공적인 환경이다. 반자연의 과격한 어감이 거부반응을 불러오기도 하지만, 그 뜻이 나무를 죄다 뽑아버려야 한다든가, 눈에 보이는 모든 것을 새로 만들어야 한다는 주장은 아니다. 자연에 대한 인간의 틈입이 그간의 경험과 질서에 기초해 이성적으로 이루어져야 한다는 전제가 함축되어 있음은 물론이다.

건축은 이처럼, 자연Nature 반대편에 서 있는 문화Culture의 영역이며, 따라서 태생적으로 반자연적이다. 건축물이 모여서 형성된 도시는 더 그러하다. 건축과 다른 건축이 만나고 부딪히는 과정에서 질서가 필요하고, 그 질서는 주어진 것(자연)이라기보다는 합의되고 만들어진(인공) 것이기 때문이다.

도시 환경은 모든 것이 인공적이다. 발을 딛는 땅이 포장되어 있

우리는 쾌적함이라 하면 오른쪽 위 사진처럼 자연, 공원, 숲을 떠올리지만 도시적 쾌적함은 왼쪽 위와 아래쪽 사진처럼 자연과는 다른 방법과 다른 공간에서 만들어진다.

고, 벽은 인공 재료로 만들어졌으며, 길가의 가로수조차 들판의 나무와는 다른 의도된 선택과 이식 과정을 거친 것이다. 심지어 하늘까지도 그 윤곽이 건축에 의해 잘려나간 인공적인 모습이다. 이렇듯 도시는 자연과는 다른 배경을 두고 있고, 전원의 건축과 다른 모습일 수밖에 없다.

어쩌면 도시가 바로 쾌적한 천국이다

인류는 항상 이상향을 꿈꾼다. 여기서 이상향은 보통 두 범주로 나뉘는데, 파라다이스와 유토피아가 그것이다. 기독교에서는 인간이 에덴에서 추방되어 고통의 세계에 살고 있다지만, 그렇다고 인간이 에덴을 궁극의 낙원으로 여기는 것 같지는 않다. 인간이 원하는 것은 결국 지상에 인간 스스로 천국, 다시 말해 신시神市를 건설하는 것이다. 이 간절한 소망은 토머스 모어가 소설에서 그려낸 '유토피아'를 비롯해, 세계 각 지역의 설화와 전설, 문학작품 속에서 태양의 도시 Civitas Solis, 월든 투Walden Two, 노바 아틀란티스Nova Atlantis, 율도국 등으로 묘사되었다. 이는 분명히 에덴과 다른 종류의 이상향이다.

에덴이 주어진 것이고, 유기질이며, 분화되기 이전의 자연 상태라면, 지상의 천국은 인간의 상상력과 이성에 의해 기하학적으로 구축된 세계에 가깝다. 성경에 묘사된 에덴은 숲이 우거지고 먹을거리가 풍성하며 남녀의 구분조차 무의미한 분화 이전의 상태다. 사과만

안 따 먹으면 기후의 변화도 없고 시간도 영원히 제자리인 세상이다. 반면, 인류가 도달하고자 하는 천상의 도시Heavenly City는 넓고 곧은 길과 황금으로 된 커다란 건물들, 화려한 의복 같은 비자연적 메커니즘이 지배하는 장소로 묘사된다. 이러한 에덴과 천국의 구분, 다시 말해 복수의 이상향의 개념은 비단 기독교뿐 아니라 다양한 종교문화에서 공통적으로 나타난다. 이는 인간이 문명화되고 스스로의 의지로 통제할 수 없는 세계에서 벗어나 개명한 세계로 전진하는 것을 의미한다. 결국 도시는 천국의 세속화된 표현이며, 천국을 향해 활짝 열려 있는 창이다.

자연과 도시를 좋고 나쁨으로 판단하는 이분법적 발상은 도시 문제에 있어 효용이 없다. "자연과 문화는 대립적인 동시에 상호보완적"이라는 레비스트로스의 말처럼, 이 둘이 우열의 관계이기보다는 상호보완적이라는 점에 주목해야 한다. 일반적으로 서울에서 도시의 문제라고 생각되는 것들은 대체로 자연 이데올로기가 문화의 영역과 주거와 생활의 문제에 침투한 것으로, 도시의 본질과는 무관하다. 오히려 서울은 푸르른 녹지가 없어서가 아니라, '도시 되기'에 실패해서 생기는 문제가 훨씬 더 많다. 자연이 자연다워야 하듯 도시는 도시다워야 하는 것이다.

절을 '절집'이라 부르는 것은 '집'의 의미가 물리적 공간뿐 아니라
거기에서 이루어지는 커뮤니티까지 포함하기 때문이다.
이처럼 우리말에서 '집'은 'House'와 'Home'을 모두 포함하는
중의적이며 복합적인 기호이고 상징이다.
단순한 건물로서의 의미를 넘어 인간 정주의 기본 단위이며
그 안에서의 기초적인 공동체가 생성되는 공간적 장치인 것이다.
전원에서의 집은 'House'로서의 주택뿐 아니라
'Home'으로서의 가정과도 의미가 맞아떨어지지만,
도시에서의 집은 그 의미가 최소화되는 경향이 있다.
그리고 그에 따라 일상적인 행위가 도시로 외부화되고,
이 과정에서 커뮤니티가 생성된다고 본다.
즉, 전통적으로 집 안에서 이루어지던 행위의 대부분이
도시에서는 일종의 공유 공간으로 확장되어 벌어지게 되는 것이다.

집 안의 부엌과 식탁에서 이루어지던 식사를
밖에서 하게 되는 외식 문화나 세탁을 공동으로 하는 빨래방,
노인들이 모여서 여가를 보내는 경로당 등이 그 대표적 예일 것이다.
프랑스의 카페, 영국의 펍 같은 공간적 장치 또한
이러한 도시적 특성에서 유래했다고 할 수 있다.
그러나 우리나라의 공유 공간 대부분이 노래방,
찜질방처럼 '방'이라는 폐쇄적 형태로 이루어지는 것은
도시적 측면에서 보았을 때 매우 유감스러운 일이다.
이러한 '방' 문화는 기존 관계를 심화시킬 수는 있어도,
새로운 도시적 관계를 확장하기에는
부적합한 커뮤니티를 형성하기 때문이다.

진짜 도시는 외로움을 달래준다

1911년 8월 29일, 북캘리포니아의 오로빌Oroville에 헐벗고 굶주린 야생 인디언이 나타났다. 이름은 이시. 그의 부족인 야히 족은 캘리포니아 백인들의 인디언 사냥, 도피 생활, 전염병, 추위, 기아 등을 겪으며 처절하게 연명하다가 그를 제외하고는 모두 절멸한 상태였다.

그의 생애를 다룬 영화 〈이시, 최후의 인디언Ishi, the Last of his Tribe〉에서 홀로 남겨진 이시는 첫눈 오는 어느 겨울날, 대지에 무릎 꿇고 하늘을 향해 두 팔 벌리고 절규한다.

"나는 자유다. 나는 먼지처럼 자유롭다!"

그것은 절대고독을 슬쩍 비틀어 자유로 치환해보려는 이시의 가당찮은 시도였다. 그렇게 홀로 살기를 몇 년, 굶주린 겨울곰보다 흉포한 자연에 내던져진 이시는 될 대로 되라는 심정으로 백인 마을로 내려왔다. 다행히 20세기 초 미국은 인디언을 박멸의 대상이 아니라 보호의 대상으로 여기는 시대였고, 그는 샌프란시스코의 박물관에서 석기시대 인간의 삶을 시현하며 살다가 1916년 폐결핵으로 사망했다.

이 이야기를 꺼낸 이유는, 내가 1989년 뉴욕에서 느꼈던 외로움 덕분에 〈이시, 최후의 인디언〉이라는 영화에 크게 공감했기 때문이다.

그해, 대학원을 졸업한 나는 기숙사를 나와 아파트를 얻었다. 어릴 적부터 형제가 많은 집에서 자란 탓에 제발 혼자 살아보는 게 소원이었던 내게 드디어 완벽한 나만의 공간이 생긴 것이었다. 가구를 내 마음대로 놓을 수 있었고, 꽃무늬 커튼 대신에 얇고 가느다란 블라인드로 모던한 분위기를 만들 수 있었다. 설거지나 청소도 미뤘다가 하고 싶을 때 하고, 샤워 후에 목욕탕을 어지럽혀도 잔소리하는 사람 없이 살 수 있게 되었다. 그러나 그것이 화려한 솔로 생활로 이어지지는 못했다. 조금 과장하자면 그때의 내 삶은 대자연에 홀로 버려진 이시의 그것에 가까웠다.

모든 인간사가 응축된 직장 생활은 긴장의 연속이었다. 문법에 맞지 않는 영어를 해도 웃고 넘어가주는 교수님들과는 달리, 직장에서 나의 어설픈 영어를 대하는 동료들은 나를 저열하고 무능한 인간으로 바라보는 듯했다. 사소한 잡담에 끼는 것조차 학교에서 강의를 들을 때보다 더 신경을 곤두세워야 했기 때문에 몇 배로 피곤했다. 더 어려운 건 속마음을 터놓는 건 고사하고 가볍게 일상사를 주고받을 동료 하나 없다는 것이었다.

퇴근 후 텅 빈 아파트로 돌아오는 순간은 외로움의 절정이었다. 누가 기다리기라도 하는 듯 서둘러 집으로 돌아왔지만, 나를 반기는 거라곤 쓸쓸하기 이를 데 없는 어둠뿐이었다. 혼자 살면서 개나 고양이를 기르는 사람들의 심정을 뼈저리게 이해하게 됐다. 귀가했을 때

우편물이라도 하나 있으면 너무도 반가웠으니까. 심지어 신용카드 청구서마저 나를 기다리고 있었다는 이유 하나만으로 반가워할 정도였다. 광활한 대자연 속에서 혼자 사는 것도 아니고, 화성에 홀로 남겨진 우주인도 아니었건만, 수백만이 바쁜 일상을 살아가는 뉴욕 한가운데서 나는 그때 시리도록 외로웠다.

하루는 회사 동료가 내 아파트 근처의 작은 선술집을 추천했다. 저녁 시간에 가끔 들러보면 이웃과 친구를 만들 수 있을 거라며 술이 안 당기면 탄산수 하나만 주문해도 된다고 일러주었다. 과연 혼자 가더라도 항상 말 상대가 있었다. 주인 겸 바텐더뿐 아니라 늘 같은 자리를 지키고 있는 단골들이 있었기 때문이다.

"여기 미지근한 맥주 하나요!"

메뉴 중에 미지근한 맥주가 있었다. 맥주 한 병을 시켜놓고는 찔끔찔끔 서너 시간을 마시는 통에 맥주가 실내온도를 넘어 사람의 체온에 이르게 된다는 주인의 푸념을 단골들이 재치 있게 받아 만들어낸 메뉴였다. 모두가 맥주 한 병을 들고 찬기가 가시고 미지근해질 때까지 저녁 시간을 보냈다. 단골들의 신분은 그야말로 제각각이었다. 인근에 건물을 열 채나 갖고 있는 토박이 부호, 배관공, 평범한 회사원, 수학 선생 등 그들은 마치 저녁 시간을 같이 보내러 나온 가족 같았다. 다행스럽게도 건축은 누구의 삶과도 연결되어 있어서 화제는 무궁무진했다. 건물 주인 앤디는 무료 자문을 원했고 20년 경력의 배관공 토니는 풋내기 건축가인 나를 가르치는 일에 심취했다.

공동 빨래방은 대화가 가능한 또 하나의 쉼터였다. 세상에 이해할 수 없는 것 중 한 가지가 바로 빨래방 세탁기다. 세탁 30분, 건조 20분이면 충분할 빨래가 두 시간이나 걸리는 이유를 여전히 모르겠다. 그런데 이 기분 좋은 딜레이 덕분에 빨래방은 독서실 또는 사교장으로 변한다. 당시 샐린저의 《호밀밭의 파수꾼》은 빨래방에 갈 때 반드시 함께 챙겨가는 책이었다. 기다리는 동안의 무료함을 달래주기도 했지만, "나도 그 책 읽었는데." 하는 식으로 대화를 이끌어낼 수 있는 좋은 화젯거리였기 때문이다. 누구나 읽었지만 누구도 정확히 이해하지 못한 듯 제각기 다른 생각을 이야기할 수 있는 책이었다. 이런저런 화제로 선술집과 좀 다르게 단정한 분위기에서 이웃과 대화를 나누다 보면 온갖 정보를 얻을 수 있다. 무엇보다 중요한 건 두 시간 동안 내가 누군가와 수다를 떨었고, 대화를 나눴으며, 그래서 외롭지 않았다는 것이다.

뉴욕에서 맞이하는 주말의 하이라이트는 아무래도 전날, 또는 한 주의 피로 때문에 느지막이 일어나서 먹는 브런치다. 서늘한 햇볕이 바람과 함께 대로를 지나고, 흰색 식탁보와 그 위를 장미 한 송이로 장식한 노천카페에서의 늦은 아침은 뉴욕에서 경험해봐야 할 중요한 의식이다. 혼자라면 심심치 않게 해줄 읽을거리가 필요하다. 두툼한 〈뉴욕 타임스〉 일요판이 딱 좋기는 하지만, 그저 거리를 각양각색으로 활보하는 사람들을 구경하는 것만으로도 충분하다. 아무래도 이른 시간이므로 손님들은 대개 혼자나 둘이 온다. 그들이 식사하는 모습을 바라보는 것 또한 무료하지 않은 식사 시간을 보장한다. 바라보

브런치처럼 일상생활의 일부분을 공유하는 것이 도시에서 커뮤니티를 만드는 중요한 방법이다.

는 동시에 보이는 대상이 되는 일은 도시의 기본적인 소통의 시작이
다. 눈이라도 마주치면 목례를 하기도 하고, 작은 말소리가 들릴 정도
로 가까이 앉았다면 날씨나 스포츠 뉴스에 관한 인사말 정도를 주고
받는다.

식당에 따라 차이는 있지만, 브런치 역시 다른 식사와 마찬가지
로 전채와 메인 디시, 디저트까지 코스를 갖추고 있다. 하지만 이런
식사가 거추장스럽다면 베이글 한 쪽과 커피를 마신다거나 프렌치토
스트로 간단히 해결할 수도 있다. 브런치 상대는 주말 밤을 함께 지내
는 연인일 수도 있지만, 아직 서먹하거나 저녁을 같이 먹기에는 부담
스러운 사람일 수도 있다. 브런치는 밝은 대낮에 '가볍게' 만날 수 있
다는 게 가장 큰 장점이기 때문이다. 혹은, 가벼운 차림의 뉴요커들이
혼자서 신문을 들고 찾아오는 경우가 대부분인 관계로 운이 좋으면
맘에 드는 상대를 찾을 수도 있다.

"어젯밤 야구 대단했지요?" 또는 "예쁜 강아지네요. 이름이 뭐예
요?" 따위의 말 걸기가 시작된다. 픽업라인Pick-up line이라 부르는 말 걸
기의 시작은 뉴욕 싱글들이 반드시 연마해야 하는 최고의 기술이다.
본격적으로 느끼한 눈길들이 오가는 싱글 바나 클럽 같은 장소에서는
물론, 미술관이나 심지어 동전을 넣고 두 시간은 기다려야 하는 공동
빨래방에서도 요긴하기 때문이다. 상대와 상황에 따라 엄선된 주제를
택하는 센스와 간결한 문체로 부담 없이 다가가는 분위기, 대화의 끈
을 이어가기 위한 문장 구성 등 외국인으로서 소화하기 힘든 문제가
있긴 하지만, 노력으로 극복하지 못할 문제는 없다지 않던가? '혹시

시간이 있으면 차라도 한잔……' 하는 식으로 진부하게 시작해서는 승산을 기대할 수 없다. 오히려 얼굴 붉힐 만한 쏘아붙임이 되돌아올 수도 있다.

하지만 진짜 중요한 것은 굴러들어온 떡이라 할 수 있는, 다른 사람에게서 걸려오는 픽업라인에 대한 재치 있는 답이다. 내게 던져지는 픽업라인은 주로 웨이트리스인 타냐로부터 나왔다.

"어제도 밤새웠구나, 건축가 선생."

건축사 면허를 가지고 있어야 '건축가 선생'으로 불리는 것을 잘 알고 있었지만, 타냐는 항상 나를 이름 대신 '건축가 선생'으로 불렀다. 일종의 비아냥거림이며 친근감의 표현이었다. 키가 크고 우람한 체격의 타냐는 뮤지컬 배우 지망생이다. 주중에는 파트타임으로 오전에만 변호사 사무실에서 근무하고, 주말에는 이틀 내내 웨이트리스로 일한다. 나머지 시간도 연습이나 오디션으로 바쁘다. 뉴욕의 식당에서 일하는 젊은이는 모두 예술가라는 말처럼 소호의 갤러리나 카네기홀, 브로드웨이 뮤지컬의 주인공을 꿈꾸는 이들이 당장 할 수 있는 일이 웨이터 또는 웨이트리스다. 주급은 보잘것없지만 손님이 놓고 가는 팁이 쏠쏠하며 세금도 붙지 않는 현찰 수입이므로 이들에게는 최상의 임시직이다.

그녀는 틈나는 대로 묽은 커피를 보충하며 지난주에 있었던 오디션 이야기를 한다. 매번 거의 될 뻔했다는 말만 들었을 뿐, 뽑힌 적은 내가 아는 한 없다. 나는 그녀의 체중 때문이라고 생각하지만, 본인은 노래 실력 때문이라고 생각한다. 잠시 동안 나누는 대화의 주제도 다양하다. 그러는 사이 새로 등록한 체육관 트레이너의 멋진 몸매나 그녀의 아파트 주인에 대한 불만 등 나는 그녀의 사정을 오리건에 있는 그녀의 부모보다 더 잘 알게 된다. 그녀는 비슷한 처지의 친구들과 링컨 센터 근처의 작은 아파트에 살고 있고, 고향에 남자친구가 있는데 그 친구가 게이가 아닐까 끊임없이 의심하고 걱정한다. 중산층 가정에서 자랐지만 무용을 전공한 대학 시절부터 식당에서 일한 경험이 있어서 일이 낯설거나 서툴지는 않다. 브로드웨이 무대에 끊임없이 도전하고는 있지만, 이 세계 최고의 무대에는 단역으로 서는 것조차 쉽지 않은 모양이었다.

그녀 또한 나의 가족이나 사무실의 유대인 사장, 헤어진 여자친구에 대해 잘 알고 있었다. 발음하기 힘든 내 이름을 외워보려고 애를 써서 몇 개월이 지난 후에는 마침내 '키엉훈' 정도는 되어서 '미스터리'라고 불리는 쑥스러움은 면했으니 대만족이었다. 이런저런 대화를 하다 보면 혼자 식당에 오는 몇몇 낯익은 이웃들이 〈뉴욕 타임스〉 일요판이나 가벼운 추리소설 따위를 옆에 끼고 어슬렁거리며 나타난다. 반가운 얼굴을 만나면서 점점 떠들썩해진다. 서로 지난 한 주의 안부를 묻고 동네 식품점의 한국인 주인에 대한 불평을 나에게 대신 늘어놓기도 한다.

이렇듯 다정다감했던 이웃들이 섭섭해질 때가 있었다. 가끔 집으로 초대받는 경우가 있는데 다 놀고 나설 때 보여주는 그들의 야박한 배웅법 때문이었다. 일단은 사지에서 살아 돌아온 형제를 다시 만난 듯 열렬히 환영한 후에 명절같이 왁자하고 친밀한 시간을 보낸다. 그런데 집으로 돌아갈라치면 그들은 아파트 현관문에 고개만 살짝 내밀고 작별인사를 하는 것이 보통이다. 엘리베이터를 기다리는 동안도 못 참고 등 뒤로 현관문을 닫아버리면 '내가 눈치 없이 너무 오래 지체한 게 아닌가' 싶을 정도로 섭섭해진다. 아파트 단지 입구나 적어도 엘리베이터 앞까지 떠들썩하게 배웅해주는 것이 우리의 인사법이지만, 그들은 그렇게 야박하고 매정하게 손님을 돌려보내는 관습을 가지고 있다. 그저 관습의 차이로 보기에는 섭섭함이 많이 남았다. 그런데 얼마 후 나는 그것이 기다란 설명이 필요한 미국의 문화라는 걸 이해했다.

보통의 배웅의 인사는 자신의 개인적인 영역이 공적인 영역과 맞닿는 부분에서 이루어진다.

여기에서 영역의 개념을 살펴볼 필요가 있겠다. 공간에 영역이 있고, 그것이 성격을 달리한다는 생각은 생물학에서 차용한 개념이다. 흔히 강아지가 오줌을 누는 것을 영역 표시라고 말하는 것처럼, 그것은 동물의 세계에서 경계를 설정하고 그 경계 안의 영역을 다른 집단이나 개체로부터 보존하려는 심리적 공간의 개념이다. 건축 또는

도시의 공간에서 영역성은 물리적으로나 심리적으로 두부 자르듯 구분할 수 있는 것이 아니며 때와 사정에 따라 달라진다. 아파트를 예로 들면 그 상대성이 분명해진다. 현관은 분명히 세대 내부에 있으니 복도에 비하면 사적인 공간이다. 그러나 가족 구성원의 입장에서 보면 매우 공적인 공간이며 공유 공간이다. 거실은 도시적 측면에서 보면 매우 사적인 공간이지만 각자의 방을 나서서 가족들과 시간을 보내는 공적인 공간이다.

또한, 공적인 공간에서 사적인 공간에 이르기까지의 과정에 수많은 중간 영역이 있게 마련이다. 학자에 따라 이 중간 영역을 2차 공간, 반공 반사적 공간, 공유 공간, 회색 공간 등으로 다양하게 부르지만 큰 차이는 없다.

따라서 배웅을 끝내는 지점을 자신의 영역의 한계라고 생각한다고 보는 것이 맞다. 엘리베이터에서 손님에 대한 배웅이 이루어진다면 복도를 포함해서 엘리베이터까지가 자신의 집, 곧 개인적인 영역이며 통 크게 건물 입구나 아파트 단지 입구에까지 그 영역을 확장하는 일도 가능한 것이다. 이렇듯 뉴요커들은 자신의 영역, 즉 자신의 집이 자기 집 현관문에서 시작되고 끝난다고 생각한다.

정 없어 보이는 이들의 문화는 사실 도시 생활의 고유한 특성에 따른 것이다. 도시 생활은 타인과 공유해야 하는 부분이 많을 수밖에 없다. 따라서 개인 공간이라고 생각하는 영역은 다른 경우에 비해 훨씬 작다. 뉴요커들은 상상할 수 없을 만큼 열악한 환경에서 산다. 그들의 주거는 그야말로 최소한의 것이다. 벽장만 한 침실과 어깨 넓이의 싱크대가 전부인 부엌에 살며, 작은 냉장고 때문에 구멍가게를 자주 들락거려야 한다. 자신의 고향집의 현관만 한 거실에서 산다는 푸념이 절대 과장이 아니다. 대신 공유 공간에서 대부분의 사적인 활동이 이루어진다. 비좁은 자신의 아파트에서 먹는 대신 거리의 레스토랑을 이용하고, 세탁기가 없으므로 공동 빨래방에 가서 빨래를 해결한다. 좁은 거실에서 작은 TV를 대신해 스포츠 바에 나가 다른 사람들과 함께 소리지르며 야구 경기를 관전하는 삶이 몸에 배었다. 도시화 이전까지는 집 안에서 일어났던 일을 일종의 아웃소싱으로 해결하는 것이다. 잠자는 것 말고는 대부분의 생활을 일종의 공유 공간에서 해결하다 보니 자신의 아파트는, 우리로 치자면 침실 정도에 해당하는 극도로 사적인 공간이 되고 말았다. 아파트의 공간은 아주 작게 축소되고, 대부분의 생활을 다른 사람들과 공유해야 하는 새로운 형태의 도시적 삶이 이루어지는 것이다. 즉, 'House'로서의 집은 작은 아파트로 국한되지만, 'Home'으로서의 집은 이웃과 겹쳐지는 것이다.

그들의 외식은 호사가 아니고 생활의 일부이며, 이웃(식구)을 만나는 시간이다. 이렇게 최소화된 개인 공간은 역설적으로 도시 전체를 '나'와 '우리'의 공간으로 생각하게 한다. 그들은 아파트보다는 한 도시에 산다고 하는 표현이 더 적합하다. 도시 전체를 자신의 공간으로 확장하며, 자연스레 공공의 공간에 대한 관심과 애정으로 나타난다. 따라서 아파트 현관에서 고개만 내밀고 한 배웅은 마치 함께 사는 가족을 자신의 방문 앞에서 인사하는 것과 같은 것이다.

서울은 방의 도시다. 방의 종류도 많고 그 기능도 다양하며 지대하다. 노래방에서 시작해서 PC방, 비디오방, 보드방에서 차마 글로 옮기기 민망한 방들까지 가득 차 있다. 비디오방이 DVD방으로 재빨리 전환되는 과정을 보면, 서울의 방은 아무리 새로운 기술이 생겨나더라도 언제나 재빨리 수용할 수 있는 태세를 갖추고 있는 유연하며 탄력적인 공간이다.

가장 오래되었고 방 문화의 원조라고 할 수 있는 노래방은 여전히 대표적인 방이다. 친구나 가족 또는 연인이 함께 갈 수 있고, 한두 명의 소그룹에서 거의 무한대의 단체에 이르기까지 다양한 규모의 사람들이 다 같이 갈 수 있는 장소이다. 노래방은 대도시나 지방 소읍을 가리지 않고 어디에나 분포되어 있다. 그리하여 생긴 지 20여 년 만에 꾸준히 사람을 모아 한국 사회의 중요한 문화 시설이자 위락 공간으로 자리 잡았다. 다방의 몰락에서 볼 수 있듯 한국 사회의 역동성에 비추어보면 노래방의 수명과 보편성은 대단한 것이다. 하지만, 아무래도 방 중의 방은 찜질방이다. 찜질방은 그 안에 노래방, 놀이방, 운동 시설, 식당 등 상상할 수 있는 모든 방을 포함하고 있는 방 중의 방이자, 방들의 방인 메타Meta 방이다. 오히려 목욕탕 자체는 최소한으로 축소되어 간단한 샤워 기능만 있을 뿐이다. 또 어디에서도 볼 수 없는 광경이 펼쳐지는 동시에, 어느 지역에서나 가능한 일이 벌어지는 일종의 초공간이기도 하다.

찜질방에 가면 장관을 만나게 된다. 안에 있는 사람들은 남녀노소 할 것 없이 모두 같은 옷을 입고 있다. 그들은 수련회에 온 고등학생 같기도 하고 종교 단체 같아 보이기도 한다. 하지만 그러면서도 각자의 일에 몰두하고 있으니 처음 보면 그 광경이 알쏭달쏭하기만 하다. 그들은 일종의 공공 공간에서 사적인 일들을 벌인다. 잠자는 것에서 시작해 음식을 먹거나 연인들끼리 대화를 나누는 일이 같은 공간에서 일어난다. 주위에 아무도 없다는 듯 운동을 하고 게임을 하며 TV를 시청한다.

2004년 베니스비엔날레에 출품한 한국의 젊은 건축가들의 주제는 '방'이었다. 영어의 'Room'과는 의미와 차원을 달리해서 '방'이라는 고유명사를 새롭게 창조한 것이다. 비엔날레 참가 작가였던 김광수 교수는 찜질방을 이렇게 묘사한다.

"각자의 집 안방을 한곳에 죄다 풀어놓은 형국이다. 사적인 영역은 신발장과 라커룸에 국한될 뿐, 그 밖의 모든 사생활이 노출되어 다른 사생활과 뒤섞여 있는 기이한 광경인 것이다."

가장 사적인 일들이 찜질방이라는 공유 공간 또는 공공 공간에서 펼쳐지고 있는 것이다. 실제로 찜질방에는 '지나친 애정행위'를 삼가해 달라는 호소문까지 붙어 있다. 찜질방이 가장 사적인 행위가 공공장소에서 일어나는 특이한 위계의 공간이라면, 다른 방에서는 반대현상이 나타난다. 지극히 공적인 행위, 외식을 하거나 술을 마시거나 영화를 보는 일들이 사적인 공간인 '방' 단위로 축소되어 일어나는 것이다. 어떤 방이든 찜질방처럼 행위와 공간의 관계에 대한 전복이 일어나고 있다.

도시가 탄생할 때부터, 도시에는 아고라 Agora라는 소통의 광장이 있었다. 이 광장에 교역을 위한 시장이 있었고, 정치, 경제, 사회, 문화를 아우르는 시민의 일상이 있었다. 수십에서 수천 명의 시민이 광장에 모여들어 서로를 관찰하고, 인사하고, 대화하고, 사업을 도모했다. 도시 생활은 이시가 그랬듯 외로움을 떨쳐내는 적극적인 극복의 수단이며 제도다. 결국 도시에서 이웃이란 가족과는 다른 개념의 생활 공동체를 의미한다. 도시는 결코 정 없는 곳이 아니다. 뉴욕, 런던, 파리는 물론, 아프리카의 어느 도시나 시리아 다마스쿠스의 카페, 바, 펍 등 어디든 장소를 막론하고 엄연한 소통의 공간이 존재한다. 이곳에 모이는 사람들은 같은 구역에 사는 이웃이다. 그를 거의 매일 볼 수도 있고, 며칠에 한 번씩 볼 수도 있다. 가벼운 인사말을 할 수도 있고, 꽤 심각한 이야기를 장시간 할 수도 있다. 고대 그리스 도시 국가의 아고라가 이런 형식으로 재현되고 있는 것이다. 그러나 서울의 카페나 주점에서는 이런 소통이 어렵거나 불가능하다. 좌석과 좌석은 대부분의 경우 칸막이에 의해 분리되어 있고, 가끔 카페 중앙에 놓인 널찍한 탁자는 여전히 기피하는 자리다. 직장 동료나 친구 등 이미 서로 관계 맺은 사람들끼리 자신들만의 공간을 찾아 은밀한 대화를 주고받을 뿐이다.

공유 공간은 자신이 잘 알고 있고 또 자신을 잘 알고 있는 중간 영역을 가리키는 말로 영어로는 커뮤니티에 해당하는 단어다. 그러나 서울에서 공유 공간의 개념은 특별하다. 우리의 윤리 교육은 '충'과 '효'로 대표되어서 국가와 부모에 대한 도리를 강조한다. 옳지 않다고 할 수는 없지만, 문제는 그것이 거대한 공동체인 국가와 매우 사적이며 미세한 공동체인 가족에만 초점이 맞추어져 있다는 사실이다. 그 중간 영역이라고 할 수 있는 이웃이나 낯선 사람에 대한 예절은 특별히 주의를 기울이지 않고 있다. 만나는 사람을 모두 알고 지내던 촌락 단위의 생활에서 생겨난 윤리는 현대의 도시와 건축으로 그대로 전이되었다. 도시로서의 공공 공간과 사적인 개인 공간은 중요하지만, 그 사이의 '공유 공간'에 대한 배려는 찾아보기 힘든 이유 중 하나다.

서울의 상징인 광장이나 공항, 박물관은 으리으리하고 잘 꾸며져 있지만, 도시의 이면도로는 인도도 없다. 반면에 아파트 내부는 호텔을 능가하는 인테리어로 치장한다. 대리석과 할로겐전구가 빛나는 실내에서 살지만, 아파트의 철문을 나서는 순간 페인트칠이 벗겨진 복도의 알전구와 마주친다. 아파트 단지 내부의 조경은 깔끔하지만 거리는 방치되어 있다. 도시의 풍경과 생명이 오히려 이러한 중간 영역, 공유 공간의 질에서 가름된다는 걸 생각하면 슬픈 일이다. 그러니 도시의 쾌적함은 녹지의 면적과 나무 수가 아니라 공유 공간을 함께 나누고 그곳에 생명력을 가져다주는 데 있다. 결국 도시는 많은 사람들이 모여 사는 곳이기 때문이다. 거대하거나 반대로 매우 사적인 공간에 대한 집착이 서울의 도시적 정체성을 혼란스럽게 만들고 있는 것이다.

이처럼 서울의 공유 공간은 쓸쓸하다. 그 쓸쓸함을 외면하거나 도시에 살면서 불가피하게 치르는 비용으로 가볍게 치부해서는 안 될 일이다. 도시의 생명은 바로 그 공유 공간에 있기 때문이다. 도시사회학자 조명래 교수는 서울이 직면한 딜레마의 본질은 대도시의 일상적인 관계에 있다고 말한다. 외양적으로 서울은 이미 세계적인 규모의 도시로서 도시 형태 측면에서는 근대화된 면모를 자랑하고 있지만, 기실 일상적인 삶에서 드러나는 행태와 의식은 여전히 전통적인 가치와 태도를 기초로 한다는 것이다. 그 결과, 서구 도시가 가지고 있는 공적 영역과 공공 공간이 물리적으로 형식적으로만 존재하게 되었고, 일상 공간에서는 철저히 개인화된 논리와 이해관계에 의해 변질되었다고 지적한다.

물론 예전에 비해 도시 생활 자체가 집 안에서보다 외부 시설에서 이루어지는 경향은 서울에서도 뚜렷하게 나타나고 있다. 외식 산업의 성장이 대표적인 지표다. 외식 산업은 지난 30여 년간 엄청나게 성장했다. 1970년 식비에서 외식이 차지하던 비율이 1.9퍼센트였던 데 반해, 2004년에는 그 비율이 45퍼센트에 도달했다는 통계도 있다. 외식은 맞벌이 부부는 물론, 누구나 한가하고 심심할 때 할 수 있는 대표적인 사치며 도시적 행위다. 식당뿐 아니라 다른 생활들도 집을 나와 도시로 진출을 하는데, 이것이 서울에서는 또다시 또 다른 방으로 들어가며 이뤄진다. 식당에 가서도 '방'에 앉기 원하며 여흥은 노래방의 작은 '방'에서 푼다.

도시에서의 생활이 공유 공간으로 확장되는 것은 당연한 일이다. 그런데 서울에서는 이 모든 것이 또 다시 '방'이라는 폐쇄적인 공간에서 이루어진다는 것이다. 공유 공간에서 일어나야 할 커뮤니티의 형성이나 이웃과의 교류가 방이라는 좁은 공간에 갇혀 폐쇄적인 형태로 나타나는 것은, '도시'라는 공동체의 관점에서 보면 그리 바람직한 현상은 아니다. 사회적 관계는 심화될지언정 새 이웃을 만나는 등의 확장은 불가능한 구조이기 때문이다.

방은 굴절된 서울의 도시화의 현재를 대변한다. 방은 서울에만 있다.

새집증후군은 우리나라에서만 쓰이는 용어다.

빨리빨리 짓다 보니 본드와 시멘트를 사용하는 공법을

사용하게 되고 그 결과 새로 만든 집에는 유해한 독소가

많이 발생해 거주하는 사람들이 여러 질환에 시달린다는 것이다.

이러한 병적 증후는 더욱 심각한 병리 현상으로 발전해,

서울의 전체 건물 절반 이상이 지은 지 20년을 넘지 못하는

결과를 초래하고 말았다. 기술적인 안이함과 기술에 대한 불신,

그리고 건축을 일종의 유행으로 보는 조급함 등이

복합적으로 작용한 탓이다. 그러나 도시는 기억의 공간이다.

추억은 장소 지향적이거나 최소한 장소라는 배경에 의존한다.

장소는 주관적 지점을 가리키며 대부분 건물과 연관되어 있다.

처음 등교한 학교의 건물, 책을 읽던 벤치,

어설픈 첫 키스의 배경이 되었던 골목,

사랑하는 사람과 헤어진 후 걷던 거리 등등,

우리의 기억은 장소에 머물러 있다.

도시는 이런 기억의 배경인 동시에 현실의 삶이 실행되는 공간이다.

부동산 광풍은 기억이나 추억쯤은 아무것도 아닌 것으로

가치절하 했지만 기억의 장소는 무엇과도 바꿀 수 없는 가치가 있다.

이처럼 도시에는 그곳에서 살았거나 살고 있는 사람들의 기억과

삶이 얽히고 설켜 주렁주렁 매달려 있다.

이것이 바로 다시는 만들어낼 수 없는, 도시만이 가지고 있는 자산이다.

새집증후군은 왜 우리나라에만 있을까?

새집증후군은 우리나라에서만 쓰이는 용어다. '증후'라는 전문적인 단어가 전 세계 인류에게 보편적으로 영향을 끼칠 듯한 기운을 내뿜고, 인터넷 백과사전에까지 올라 있는 단어지만, 실은 우리나라에만 있는 특이한 병이다. 가장 비슷한 용어로는 '병든건물증후군'이 있다. 영어로는 SBS Sick Building Syndrome라고 하는데 환기가 잘되지 않는 건물에서 일하는 사람들이 시름시름 앓는 증상을 말한다. 이 증후군은 건물 내의 조명이나 소음 같은 문제가 원인이 되기도 하지만, 주로 건축할 때 생긴 유해 성분이 밖으로 빠져나가지 못해 생긴다. 이 증후군의 가장 확실하고 손쉬운 처방은 그 건물을 떠나는 것이다.

새집증후군은 병든건물증후군의 일종이지만 정확히 같은 것은 아니다. 업무용 건물이 아닌 집에서, 그것도 새집에서만 일어난다는 점에서 차이가 있다. 한국에만 있는 용어이자 현상이란 점을 주목하면 더욱 특별하게 다가온다. 새로 지은 집에 들어가보면 새집증후군의 원인을 쉽게 알 수 있다. 실내에 떠도는 여러 화학물질 때문에 눈이 따갑거나 호흡이 곤란할 정도다. 두통은 물론, 피부질환도 유발하는데 어린이들에게 나타나는 아토피 증세가 대표적 예다. 새집증후군은 새색시, 새 신, 새 옷 같은 새것이 주는 기대와 정감을 배신한다. 어렵게 마련한 새집에 담긴 노력과 고통과 환희를 생각하면, 병든 새집은 초등학생이 하굣길에 유혹을 견디지 못하고 속아서 산 병든 병아리와는 분명 다른 차원의 문제다. 더구나 집을 떠나 살 수는 없지 않은가.

새집이든 병든 건물이든 현실적인 해결책은 적절한 환기다. 새집이 아니더라도 환기와 통풍은 쾌적한 온도를 유지하고 갇혀 있던 공기를 순환하게 해서 건물을 건강하게 유지한다. 문제는 환기가 우리 민족에게 그리 익숙지 않다는 데 있다. 이 배경에는 역설적으로 우리의 우수한 전통 건축이 한몫한다. 여름에 습하고 더우며, 겨울에는 뼛속까지 스며드는 추위를 가진 기후에서 한국의 전통 건축은 나름 적절한 형식으로 발전해왔다. 자연스럽게 환기가 되기도 하고 보온이 되기도 하는 건축을 만들어낸 것이다. 전통 건축의 교과서이자 지침서였던 풍수가 '바람을 가두고 물을 얻는다'는 뜻의 '장풍득수藏風得水'의 줄임말이라는 사실은 통풍이 오래전부터 건축의 중요한 고려사항이었음을 말해준다. 풍수에 따라 집터를 고르면, 바람이 새지 않도록 가두되 통풍은 잘되는 터를 잡게 된다. 여름엔 앞마당과 뒤뜰에 온도 차가 생기고 두 마당을 연결하는 마루를 중심으로 시원한 바람이 솔솔 불어 집 안 구석구석에 바람이 통한다. 별다른 장치 없이 창을 여는 것만으로 환기를 해결할 수 있는 것이다.

　우리 건축이 환기에 무관심하게 된 데는 우리가 단일 민족인 까닭도 있다. 여러 민족이 엉켜 살고 있는 미국 같은 나라에서 환기는 심각한 문제다. 민족 간의 음식과 체취가 다르고, 진한 향수 냄새가 섞이기라도 하면 좁고 밀폐된 공간에서 환기는 거의 생존의 문제가 된다. 비행기도 마찬가지다. 같은 자리에서 음식을 먹으며 각기 다른 인종의 사람들이 밀폐된 공간에 앉아 열 시간의 비행을 견뎌낼 수 있는 것은 지속적인 환기 덕분이다. 그러나 단일 민족의 역사는 조금 열악한 실내 환경을 참을 만한 것으로 여기게 만들었다. 우리 민족은 같은 언어를 쓰고 같은 문화를 누린다. 비슷한 옷을 입고 비슷한 음식을 먹으며 비슷한 체취를 가지고 있다. 사회적 거리도 비교적 넉넉해서 코를 맞대고 대화하거나 부둥켜안으며 인사하는 일이 거의 없다. 그것이 환기의 문제를 심각하게 여기지 않게 된 이유다. 게다가 후각은 오감 중에서도 유일하게 5분만 지나면 무뎌지는 감각 아닌가.

　이 밖에도 환기에 대한 우리의 무관심은 택시 운전사들의 습관에서도 찾아볼 수 있다. 택시 안의 탁한 공기를 생각하면 지금도 가슴이 답답해진다. 앞서 탄 승객의 담배 냄새나 화장품 냄새 등 온갖 체취가 뒤섞여 때로는 역겹기까지 하다. 환기를 해달라고 부탁하면 기껏 창문을 슬쩍 내려주는 게 전부다. 환기를 하게 되면 연료가 더 들기도 하고 바깥에서 먼지가 들어온다는 이유에서다. 쾌적한 공기를 원한다면 찬바람을 피해 탄 택시에서 칼바람을 맞아야 하는 것이다.

물론 환기가 연료 효율 면에서 이득일 순 없다. 밖에서 들어온 공기를 실내 온도에 맞게 데우거나 차갑게 만들어야 하므로 지속적으로 일정한 에너지를 소비하게 된다. 게다가 바깥의 먼지가 들어올 수도 있으니 걱정스럽기도 하다. 하지만 강남이나 광화문 도심의 공기조차 오염된 실내 공기보다는 깨끗하다.

목욕탕이나 수영장 물은 불순물을 거르고 순환하는 것으로 정화할 수 있지만, 오염된 실내 공기는 정화만으로는 역부족이어서 지속적으로 산소를 공급해줘야 한다. 따라서 환기는 냄새를 배출하는 차원의 문제가 아니다. 오염 물질을 밖으로 내보내고 신선한 공기를 들이마셔야 하는 생존이 걸린 문제다.

그런데 집이 도시에 지어지면서 더 이상 자연 바람에만 의존할 수 없게 됐다. 앞뒤의 창을 여는 것만으로는 환기가 제대로 이루어질 수 없다. 건물 내부가 너무 깊고 바람은 이웃 건물에 막혀 불어오지 않기 때문이다. 따라서 기계 장치를 이용해 집 안으로 외부의 신선한 공기를 끌어들이고, 가장 취약한 곳으로 오염된 공기를 빼내는 흐름을 만들어내야 한다. 화장실이나 부엌같이 냄새가 생겨날 수 있는 공간에 환풍기를 달아 실내 공기를 밖으로 뽑아내고 그만큼의 공기를 외부에서 끊임없이 유입해야 하는 것이다. 허나 우리는 이 환기를 등한시하면서 새집증후군이라는 우리만의 특별한 질병을 얻었다. 도시라는 새로운 환경에 적응하지 못해서 생긴 건물의 병인 셈이다. 그렇게 병든 건물이 그 안에 사는 사람을 병들게 하고 있다.

무늬목 가구와 사이비 건축

새로 장만한 집 안에 오염 물질이 가득해서 모락모락 냄새를 피우고 있다면 환기를 아무리 해도 근본적인 치료가 될 수는 없다. 강력한 냄새를 풍기는 본드가 사방에 발라져 있다면 창문을 열어두는 정도로는 어림없는 일이다.

오염의 원인을 근본적으로 없애고 싶지만 그럴 수도 없다. 새집을 오염시키는 물질의 대부분이 실내 마감재에서 나오기 때문이다. 이전에는 도배와 장판을 까는 정도였던 새집에 생활 수준이 높아지면서 고급 호텔을 능가하는 '인테리어'를 하게 되었고, 바로 그 이유로 서울의 아파트는 공업용 강력본드로 범벅이 되었다. 우리의 높아진 안목, 생활 수준을 위한 과도한 인테리어와 공법이 새집증후군을 유독 서울에만 있는 현상으로 만든 것이다.

세상의 모든 건축물은 두 가지 방식 중 하나로 지어진다. 흔히 하는 표현으로는 '건식Dry'과 '습식Wet'이 그것인데, 이는 공사 과정에서 물을 사용하는지의 여부로 구분된다. 습식이 흙이나 콘크리트 같은 재료에 물을 부어 원하는 형상을 만든 뒤 천천히 말려가며 건축을 빚는다면, 건식은 끼워 맞추고 조립하는 과정이다. 대표적인 예는 기와집과 초가집이다. 둘은 지붕 재료를 가리키지만 주춧돌을 놓거나 기둥을 세우는 방식에서부터 지붕을 버티고 창을 내는 방법에 이르기까지 매우 다르며 대조적인 방식으로 지어진다. 초가집을 지을 때는 모양이 같은 흙벽돌을 쌓아가지만, 기와집에서는 기둥과 들보를 서로

맞추어 깎고 끼워서 짓는다. 워낙 정교해서 못으로 고정할 필요도 없이 기둥과 들보가, 나무와 나무가 서로 만나게 된다. 세월이 지남에 따라 변형이 되더라도 접합 부위가 같이 오므라들거나 늘어나므로 오히려 더 긴밀하게 연결되어 수백 년을 버틸 수 있게 한다.

마루의 예를 들어보자. 전통적인 마루는 바닥 위에 쪽마루를 못으로 고정한다. 현대 서양식 마루도 건식이기는 마찬가지다. 쪽마루 옆면으로 못을 비스듬히 박은 후, 다음 마루 쪽이 그 위를 덮어서 못은 겉으로는 보이지 않게 된다. 사포로 살짝 깎아내 매끄럽게 만드는 것으로 마루가 완성된다. 접착제를 사용할 이유가 없는 공법이다.

그러나 서울의 아파트에서 마루의 시공법은 이와 다르다. 콘크리트로 된 바닥골조 위에 합판을 깔고 그 위에 본드를 바른다. 에쏙시본드라고 하는 무시무시한 접착력을 가진 본드를 넉넉히 바른 후 굳기 전에 마루를 깐다. 워낙 접착력이 강해서 공사 중에 실수가 있어서 다시 떼어내기라도 하면 본드를 바른 부위 밑의 합판이 쩍쩍 갈라져 따라 올라올 정도다. 부분적으로 수리하는 것은 거의 불가능하고 전체를 들어내고 처음부터 시공하는 게 빠를 만큼 강력한 접착력이다. 이렇게 강력한 본드를 필요 이상으로 바르는 이유는 콘크리트골조에 굴곡이 있기 때문이다. 한 움큼의 본드 위에 마루판을 놓고 조금씩 눌러서 풀의 두께를 조정하는 방법으로 미세한 수평을 맞춰 마루 시공을 마무리한다. 하루 정도 말리면 아름다운 나무 무늬를 가진 마루가 완성되고, 그 밑의 합판과 콘크리트골조와 본드를 통해 일체를 이루게 된다. 못으로 이어 붙이는 건식 공법으로 만든 마루에서는 나무의 향

기가 솔솔 새어나온다. 그러나 습식으로 지은 새집에서는 나무 냄새
는커녕 본드 냄새가 진동할 것은 자명하다. 더구나 인공으로 무늬를
흉내 낸 마루를 밟을 때의 둔탁한 촉감은 원래 마루의 경쾌한 느낌을
따라갈 수 없다. 진짜 꽃보다 더 완벽해 보이는 플라스틱 조화 같은,
'무늬만' 마루이기 때문이다.

바닥뿐 아니라 벽이나 문, 창문틀에 쓰이는 나무 무늬는 그 경우
가 더 심하다. 나무를 깎고 이어 붙여서 문틀과 문을 만드는 방식은
오래된 전통이다. 그렇지만 휘지 않는 단단한 나무가 필요하고, 이 나
무들을 가공하고 맞추는 숙련된 목수가 있어야 한다. 지금의 사정으
로 나무로 된 문을 만드는 것은 금시계만큼이나 비싸다. 해결책으로
다시 만사형통인 강력본드가 등장한다. 화학 처리된 합판에 나무를
얇게 켜서 만든 '무늬목'이라는 것을 풀로 붙이게 된다. 종이 한 장 두
께지만 어떤 종류, 어떤 느낌의 나무라도 비슷하게 만들 수 있다. 그
걸 쓰면 단풍나무같이 연한 성질의 나무 문도 만들 수 있다. 이전에는
아교 같은 천연 재료를 사용해서 붙였지만, 굳는 시간이 오래 걸리고
얼마 지나지 않아 떨어지는 경우도 있어 역시 강력본드의 힘을 빌릴
수밖에 없다. 본드의 접착력은 무시무시해서 합판, 콘크리트, 심지어
철판 위에도 쓸 수 있다. 이처럼 접착제를 쓴 무늬목은 어떤 재료든지
나무의 느낌으로 만들어낼 수 있는 마력을 발휘한다.

요즘에는 한발 더 나아가서 그나마 처리가 까다로운 무늬목 대신
에 나무 무늬를 인쇄한 필름을 붙인다. 아예 한쪽 면에 접착제가 발린
공업제품도 나와서 건설 현장에서 목수가 톱이나 망치 대신 면도칼과

143

도시는 우리의 기억이 차곡차곡 쌓인 공간이다

가위로 공사를 진행하는 웃지 못할 일들이 벌어진다. 이렇듯 새집의 마루와 벽과 천장과 가구와 문과 욕실에까지 본드로 범벅이 되어 있다. 일부 청소년들이 본드를 악용해 환각을 일으킨다는 점을 생각해 보면, 그보다 훨씬 강력한 접착제로 가득 찬 새집은 우리를 어떤 환각으로 이끌고 있을지 궁금해진다.

지속 가능? 빨리 짓고 빨리 다시 지어라

새집증후군이 병든 새집 때문에 그 안에 사는 사람이 고통을 받는 증상이라면, 습식 건축은 도시를 병들게 한다. 유럽의 도시들과 달리 서울에 오래된 건물이 거의 없는 것은 사회경제적 문제와 문화적 취향의 영향도 크겠지만, 건축기술적인 측면에서 보면 지나친 습식 공법 위주의 건축에 책임이 있다.

습식은 시공이 간편하고 빠르며 무엇보다도 숙련된 노동력이 필요 없다는 점에서 치명적인 매력이 있다. 치밀하게 설계하고 공정을 예상하고 준비해야 하는 건식 공법과는 달리 현장에서 유연성을 발휘하며 약간의 변형을 할 여유가 있다. 어차피 습식에서 정확한 치수는 기대할 수 없기 때문이다. 따라서 습식 건축은 설계하는 사람이 정확한 치수로 골머리 썩을 일도 없고, 도면에 따라 공사를 해야 하는 사람의 입장에서는 어느 정도 융통성을 가질 수 있으므로 누이 좋고 매부 좋은 방식이다. 그러나 습식 공법은 수작업에 의존하기 때문에 기계화가 어렵고, 노동력이 많이 드는 전형적인 후진국형 공법이다.

우리나라에서 노동력의 부족을 호소하면서도 습식 공법이 선호되는 것은 일단 건식에 비해 튼튼해 보인다는 점 때문이다. 돌이든 벽돌이든 단단한 재료와 그 재료를 튼튼하게 연결하는 풀이 결합했으므로 전체가 마치 하나처럼 단단할 것이라는 믿음이 있다. 건식은 기둥이 전체의 하중을 받치고 있으므로 벽은 바람을 막고 보온을 하는 정도여서 다소 헐겁게 보인다. 이에 비하여 습식의 돌담은 천 년을 버티기에 충분히 견고해 보이지만 사실은 그 반대다.

벽에 못을 박고 거기에 액자를 건다면 이는 건식이다. 벽에 풀을 바르고 그림을 붙인다면 이는 습식이다. 매우 강력한 풀이 있다면 그림을 액자에 넣고 그 액자를 통째로 붙일 수 있겠지만, 그 정도로 강력한 풀을 상상하기는 쉽지 않다. 아무리 강한 풀이 있다 하더라도 액자는 언젠가는 떨어질 것이다. 같은 이유로 습식으로 지어진 건물은 오래가기가 어렵다. 천 년을 넘긴 목조 건물은 수없이 많지만 백 년이 지난 초가집을 볼 수 없는 것은 그래서다. 더구나 목조 건물에서는 낡은 부분만 따로 떼어내고 새로운 나무를 끼워 넣어 수명을 연장할 수도 있다.

습식의 문제는 시간이 지나고 나서 본격적으로 생겨난다. 본드는 휘발성이므로 냄새가 어느 정도 없어진 후에는 접착력도 약해진다. 본래 붙어 있어야 할 자리에서 떨어지기도 하고, 습기에 노출되면 무늬목을 붙인 나무는 처음과 달리 매끄럽지 않고 곰보가 되기 마련이다. 무언가 부딪히기라도 한다면 그 얄팍한 나무와 돌과 타일은 금세

찢어져서 감추고 싶은 진짜 재료의 흉한 모습만 남게 된다. 외장재도 마찬가지여서 타일을 두른 건물들에서 타일이 떨어지며 흉측한 모습으로 쇠락해가는 것을 어디에서나 볼 수 있다. 동네 대부분의 상가 건물은 물론, 관공서 건물조차도 습식으로 지어지던 시절이 있었다. 건물이 시간이 지나며 도시와 함께 중후하게 나이를 먹어가는 것이 아니라 흉하게 늙어갈 뿐이다. 그렇잖아도 유행을 지난 촌스러움을 참지 못하는 건물 주인은 당연히 보수가 아닌 재건축을 결심한다.

거의 모든 미국의 대형 할인점이 한국에 진출했지만 마지막까지 예외로 남아 있는 것이 '홈 디포Home Depot'라는 건축자재 전문점이다. 작은 못에서 문고리, 경첩에서 시작해서 창문이나 욕조나 변기까지 건축에 필요한 모든 자재를 갖추어놓고 파는 대형 상점이다. 한 매장에 있는 건축자재만 사용해도 한 마을을 지을 수 있을 정도로 종류가 다양하고 풍부하다. 얼마 전까지 미국의 작은 마을마다 있던 철물점을 다 죽여놓았다고 비판받을 정도로 위력적이지만, 한국 시장에는 진입할 엄두도 내지 못하고 있다. 건식으로 지어진 미국 집의 경우 사는 사람이 조금만 기술을 배운다면 쉽게 교체하고 보수할 수 있다. 그러나 한국의 습식 건축, 특히 주거의 건축 방식은 아마추어 목수가 일부를 수리할 수 있는 공법과는 거리가 멀다. 모든 것이 습식으로, 즉 본드로 일체화된 형태이어서 부분적인 수리는 불가능하다.

가난하고 소외된 이웃에 집을 지어주는 '해비타트Habitat' 운동도 마찬가지인데, 숙련되지 않은 자원봉사자들이 나무를 자르고 못을 박아서 건물을 완성하는 기쁨은 노력이 가시적인 성과물로 나타난다는

습식으로 지은 건축은 시간이 지나며 고색창연하게 나이를 먹기보다는 우중충하게 쇠락해간다.

점에서 다른 봉사와는 다른 점이 있다. 남녀노소 누구나 참여할 수 있을 만큼 간단한 일이고, 불우한 이웃에게 '집'을 지어준다는 성취감 또한 적지 않아서 전 세계적으로 많은 자원봉사자들이 참여하고 있다. 그러나 한국에서의 상황은 많이 다르다. 한국의 습식 건축은 자원봉사자들이 못질을 해가며 보수할 수 있는 공법이 아니기 때문이다. 결국 자원봉사자들이 할 수 있는 일은 도배를 하거나 페인트칠을 하는 정도다.

'건축으로 에너지 소비를 최소화하자', '사용되는 자재의 수명을 최대한 길게 늘여서 지구의 환경 훼손을 막아보자'는 취지로 생겨난 '지속 가능한 건축'이 전 세계적으로 유행하고 있다. 첨단에 예민한 한국 건축도 이를 논의하고는 있지만, 계속 습식 건축을 추구한다면 모두 공허한 구호일 뿐이다.

지난 백 년 동안 뉴욕 소호에서 펼쳐진 이야기

흔히들 기술과 예술의 관계를 말할 때 인상주의를 이야기한다. 19세기 말, 인상주의 화가들이 아틀리에를 뛰쳐나와 야외에서 풍경화를 그릴 수 있었던 것은 튜브에 담는 물감이 새로 개발되었기 때문에 가능했다고 한다. 동시에 카메라라는 새로운 기술이 생겼기 때문에 사실적으로 그리는 것이 더 이상 회화의 중요한 임무가 아니게 되었다는 것이다. 이런 변화의 흐름 속에서 '인상주의'는 화가의 '인상'을 담으려 노력해서 얻어진 결과라고 말한다.

기술과 건축의 관계는 다른 예술보다 더욱 특별하다. 역사적으로 건축은 예술적 가치보다는 기술적 문제 해결에 관심이 더 많았다. 무엇보다도 널찍한 내부 공간을 만드는 방법에 모든 기술을 동원했다. 그러기 위해서는 기둥과 기둥 사이의 간격을 넓히는 것이 중요한데, 이 과정에서 발명된 것이 아치다. 아치는 다시 볼트로 돔으로 발전하며 단순한 기술적 해결에서 상징으로 미학으로 발전한다. 벽돌도 마찬가지여서 현대에서 벽돌로 지은 건물은 대단히 장식적으로 보이지만, 불과 백여 년 전만 해도 벽돌은 회벽 마감 뒤에 숨어 있는 구조를 담당하는 재료였다. 최초로 벽돌이 노출된 건물이 완성되자 영국 사람들은 '속옷만 입은 여자가 거리로 나온 듯한 충격'을 받았을 정도였다. 즉, 처음에는 미적인 고려보다는 기술적인 이유로 사용되었던 것이다.

미적 가치마저 기술의 발전이 만들어낸다는 이러한 관점을 기술결정론이라고 한다. 기술이 모든 발전의 원동력이라고 주장한다는 의미에서 일종의 기술환원주의라고 부를 만하지만, 관념적 이론만큼 많은 부분을 설명할 수 있다는 점에서 유의미하다.

뉴욕에서 가장 낭만적인 장소로 꼽히는 소호는 백 년 전 최신 기술이 당시 어떻게 적용됐고, 어떻게 건축과 도시를 작동했는지 보여준다. 소호는 서울의 옛 청계천변 같은 곳이었다. 맨해튼은 여러 개의 섬을 매립하여 만든 커다란 섬이다. 소호 부근은 매립지인 까닭에 지반이 약하고 지역적으로 커다란 사무소 건물의 수요도 없는 곳이어서 15층 정도의 중층 건축물들이 주로 들어섰다. 처음에는 봉제공장 등 경공업이 이루어지던 일종의 아파트형 공장지대였다. 남쪽으로는 차이나타운과 마주하고, 북쪽으로는 그리니치빌리지와 이웃하고 있어 이런저런 이유로 예술가들이 모여 살기 좋은 곳이었다. 그리고 무엇보다 공장지대라서 저렴한 임대료로 천장이 높고 확 트인 커다란 공간을 얻을 수 있었다. 우리의 청계천변이 그러했듯, 도로는 미국 행정의 관심이 미처 미치지 못하는 곳이어서 아스팔트 대신 백 년 넘은 돌조각들로 포장되어 있다. 당시 새롭게 도입된 주철 구조체는 연약한 지반의 소호 지역에서 적극 활용되며, 기존의 브라운스톤과는 다른 새로운 분위기를 만들어냈다.

건축 재료로 금속이 사용되기 시작한 것이 처음 있는 일은 아니었으나, 소호를 이루는 주철 기둥들에 대해서는 약간의 설명이 필요하다. 금속의 사용은 그 발견에서부터 시작되었지만 건축 재료로 쓰이기 시작한 것은 최근에 이르러서다.

주철이라는 건축 재료는 탄소 성분이 다른 쇠보다 많이 들어 있어서 마치 돌처럼 강한 힘을 견뎌낼 수 있다. 우리가 흔히 무쇠라 부르는 철의 형태다. 무쇠 솥이 깨지는 경우가 있는 것처럼 주철은 일반적인 강철이 가진 당기는 힘, 즉 인장력에 대한 강성을 가지지 못하고 압축에 있어서만 힘을 발휘하는 일종의 돌이다. 그런 까닭에 기둥 이외의 재료로 사용하기에는 부적합했다. 20세기 초의 건축가들은 형틀을 이용해 가공할 수 있는 주철의 특성을 발견했고, 유럽에 비해 노동력이 부족하고 숙련도가 떨어졌던 미국에서는 매우 매력적인 재료로 환영받았다. 쇳물을 녹여 틀에 부어서 만드는 이 새로운 종류의 돌로 사람들은 숙련된 석공 없이도 근사한 기둥과 장식을 만들 수 있게 되었다. 얼마 되지 않아 우편주문으로 판매를 할 정도로 유행했지만 이 신기술을 적용하는 것은 조심스러울 수밖에 없었다. 그래서 품위 있고 중요한 건물보다는 우선 소호의 공장지대에서 주로 사용되었다.

그로부터 백 년 뒤, 주철 기둥으로 이루어진 소호의 공간은 예술가들에게 신의 축복이 되었다. 천장이 높고 탁 트인 봉제공장들은 예술가들의 아틀리에로 하나씩 변해갔고, 공장에서 만들어낸 옷가지를 싸게 도매처럼 팔던 1층 상가들은 갤러리와 카페로 변해갔다. 80년대 중반에 여피Yuppie라는 새로운 뉴요커들이 탄생하고 이 돈 많고 취향 있는 도시의 젊은이들에게 소호는 다시 한 번 매력적인 주거지로 다가왔다. 여피들은 예술가들의 아틀리에를 시가의 몇 배를 주고 구입하고는 최고의 건축가와 디자이너를 고용해서 그들만의 고급스런 주거 공간을 만들어냈다. 로프트loft라 불리는 이 새로운 형태의 주거는 어디에서도 본적이 없는 것이었다. 예술가들의 널찍한 아틀리에를 본떠서 작은 아파트가 몇 개쯤 들어갈 수 있는 공간을 방으로 나누지 않고 한 공간으로 터서 사용했다. 사실, 창이 별로 없는 공장 건물의 구조상 방을 여럿으로 나눌 수 있는 상황이 아니어서 로프트는 애초부터 아이들이 있는 가족이 살 수 있는 형태의 주거공간은 아니었다. 미

백 년 전에 주철 기둥으로 세운 건물들이 모여 있는 뉴욕 소호의 거리. 당시의 최신 기술로 만든 이 거리는 오늘날 뉴욕에서 가장 로맨틱한 분위기를 자아낸다.

술관처럼 마감된 로프트에 살면서 여피들은 BMW 대신 노란 택시를 타거나 걸어서 출근하며 기존의 권위 있던 박물관식 예술보다는 소호의 싱싱하고 젊은 예술과 분위기를 즐겼다. 도심을 조깅하고 전통이나 명성보다는 그들의 취향에 맞는 고급 식당을 찾는 새로운 생활양식을 창조해냈다. 이들을 위한 세련된 식당들과 여피의 취향에 맞는 고급 옷가게들이 소호에 들어섰고, 가난한 예술가들은 다시 한 번 새로운 보금자리를 찾아 떠나야 했다. 소호는 지금 비어 있다. 관광객들로 붐비고는 있지만, 예술은 자본의 첨병 노릇만 하고 새로운 곳을 찾아서 떠났다. 하지만 그 당시 최신 기술로 지어진 주철 건물은 기억을 머금은 채 그 자리에 그대로 남아 또 다른 역사를 기다리고 있다.

휴게소, 기술 불신의 현장을 만나다

1997년, 한국으로 돌아와 설계 일을 하고 있었지만 IMF의 깊은 골 속에서 일감은 말라 있었다. 새로 건물을 짓는 것보다는 이미 반값으로 떨어진 건물을 재빨리 사 들이는 것이 현명한 때였다. 새 건물 기초를 위해 애써 파놓은 땅을 다시 메우는 일이 벌어질 정도였다. 앞이 보이지 않는 상태에서 건축설계라는 무형의 용역에 투자하는 이도 없었다.

개인적으로는 정부나 공공기관에서 경기부양책으로 가끔 나오는 설계공모에 응모하며 보낸 지루하기만 했던 시간이었다. 그러나 역사적으로 불경기는 건축에 새로운 변화를 가져온다고 하지 않던가? 1930년대 대공황 시절 미국의 건축가들은 정부에서 취로사업처럼 던져주는 일을 붙들고 상상할 수 없을 정도로 정교하게 설계했다. 심지어 건물의 한 부분의 도면을 실제 크기로 만들 정도였다. 이렇게 해서 일어난 건축 운동이 30년대 미국에서 유행한 아르데코 스타일이다. 크라이슬러 빌딩이나 그보다 더 유명한 엠파이어스테이트 빌딩도 이때 지어졌다. 70년대에는 오일쇼크에 이은 지독한 전 세계적인 불경기가 포스트모던 스타일이라는 건축을 만들어내기도 했다. 역시 일거리가 없었던 건축가들이 도면을 만지작거리다 보니 장식을 더하게 되었고, 이것이 유행을 만들어내게 되었다는 이야기다.

드디어 우여곡절 끝에 어렵사리 한 설계공모에 당선이 되었다. 고속도로 휴게소 설계였는데 여러 면에서 특이한 프로젝트였다. 무엇보다 표준설계안 공모라는 점이 눈길을 끌었다. 다시 말해 똑같은 건물을 여러 곳에 짓는 것이었다. 고속도로 휴게소라는 건물의 대지 조건이 일정하기에 가능한 일이었다. 한쪽에는 고속도로가 나 있고 완만한 진입 차선을 통해 자동차들이 들어온다. 주차장이 있고 그 뒤로 건물이 있는 똑같은 형식의 건물이 반복되는 것이다. 비탈길에 휴게소를 만드는 일은 없으므로 항상 땅은 편평하며 고속도로를 닦는 과정에서 미리 염두에 두고 공사를 해주기 때문에 지반의 상태도 최적으로 조성한다.

작은 건물이기는 하지만 지하에 주차장을 만들어야 하거나 도심

설계공모에 당선된 고속도로 휴게소 모형과 전경.

에서처럼 복잡한 법규의 규제 같은 것 없이 자유롭게 건물을 설계할 수 있는 장점이 있었다. 게다가 여행이라는 다소 들뜬 분위기로 접근할 수 있는 건축이기도 했다. 건물의 가장 큰 용도는 화장실이다. 남녀와 장애자용 화장실을 각각 만들고 나면 화장실이 건물의 주인처럼 보이게 되는 특이한 건물이다. 다른 시설이라야 식당과 매점이 있고 그에 따른 부엌, 작은 사무실과 2층 종업원 숙소가 전부다. 고속도로의 속도감을 늘씬한 지붕으로 표현하고, 전체적으로 철골의 하이테크한 분위기가 나도록 설계한 건물이었다.

당선 후 건물을 실질적으로 설계하는 과정에서 가장 먼저 부딪힌 것은 당연히 화장실 문제였다. 우선 식당이 있는 본 건물과 떨어져 있어야 한다는 것이다. 아직도 화장실은 '뒷간'이고, 뒷간은 처갓집과 더불어 멀리 떨어져 있을수록 좋은 공간이라는 것이다. 더구나 자연 환기, 자연 채광이 되도록 설계하라는 조건이 있었다. 수세식 화장실인 데다 환풍기 몇 개를 달면 냄새는 없앨 수 있다고 설득해보았지만 소용이 없었다.

"환풍기는 고장이 날 수 있잖아요."

정서적 반감에다 기술에 대한 불신이 더해져 더 이상 설득은 불가능했다. 집 안에 부엌 옆에 목욕탕이 있고, 사무실에서도 각 층마다 화장실이 있는 현대식 건축 공간은 고속도로 휴게소에 이르러 갑자기 옛날의 뒷간으로 변해버리는 것이다. 게다가 환기를 바람에만 맡기는 것은 바람의 방향에 따라 의도하지 않은 방향으로 냄새가 풍기게 마련이다. 또한 냉난방도 불가능하다. 결국 건물 지붕은 유지하되 길게 늘려 본 건물과 화장실 사이에 공간을 마련하는 것으로 어렵사리 문제는 해결이 되었다.

두 번째의 문제는 건물 형태에 더 치명적인 것이었다. 물탱크가 너무 낮다는 것인데 이를 수정하려면 낮고 완만하게 흐르는 지붕의 모양을 크게 해쳐야 했다. 수도꼭지나 변기에 물이 시원하게 콸콸 나오기 위해서는 낙차가 필요하다. 어느 건물이든지 지하의 저수조에 물을 받아 모은 후, 이를 옥상에 있는 물탱크로 펌프로 퍼 올리게 되고 여기에서 자연스레 필요한 수압이 생기게 된다. 원래 설계안에도 물탱크가 있기는 했지만, 문제는 2층 종업원 숙소의 샤워기에 필요한 낙차가 부족하다는 것이었다. 가압 전동펌프를 사용하면 쉽사리 해결되는 문제였지만, 건축주 측의 엔지니어들은 완강하게 반대했다. 정전이 되면 전기모터가 작동을 할 수 없으며 고장이 날 수도 있다는 것이었다.

설계한 건물은 정전을 대비해 전기를 두 군데서 공급받는다. 그마저도 여의치 않을 경우를 대비해 자가발전기가 있다고 강변했지만 소용이 없었다. 최악의 경우에 대비해야 한다는 것이다. 전기 공급이 모두 끊기고 발전기도 고장 나는 정도의 경우라는 것은 전쟁이나 천재지변 외에는 없을 것이다. 그런 경우라면 샤워를 미루거나 수압이 떨어진 물로 샤워를 할 수도 있는 것이지만, 설득은 불가능했다.

결국 물탱크가 지붕 위로 7미터나 올라와 그걸 감싸는 흉한 벽을 만들었다. 게다가 백 톤의 물을 지붕 위에 이고 있느라 건물의 구조를 전체적으로 보강해야 했다. 수십억 원의 공사비가 늘어나고 비로소, 고속도로 휴게소에서는 전쟁이나 천재지변에도 종업원들이 안심하고 샤워를 할 수 있게 되었다. 이는 기본적으로 건축의 생애주기 비용에 대한 이해 부족이 만들어낸 노동과 자본의 낭비다. 건물을 지을 때 드는 돈과 유지하면서 들어갈 돈을 계산해보고 더 경제적인 것을 선택하는 것을 생애주기 비용이라고 한다. 당연히 전기모터를 돌리는 비용이 건물이 그 무거운 물을 높이 올려놓고 있는 것보다는 저렴하다. 더구나 건축의 수명을 20년 정도로 생각하는 우리나라 현실에서는 전기세를 조금 더 내는 것이 훨씬 유리하다. 그러나 그보다 근본적으로는 기술에 대한 불신과 오해가 이런 합리적인 판단을 흐리게 한다. 기계는 언젠가 문제가 생길 것이고 높은 곳에 물을 모아놓고 '자연스럽게' 흐르는 것이 최선이라는 생각이다. 건축을 끊임없이 유지하고 보수해야 하는 대상으로 보기보다는, 앞동산이나 언덕같이 한번 지어놓으면 그 자체로 천 년, 만 년 이어지리라는 기대이기도 하다. 이런 식의 오해가 성수대교와 삼풍백화점을 무너뜨린 게 아닐까.

건축물도 끊임없이 정비해야 하는 기계다

기술은 끊임없이 발전했다. 백 년 전과 다르게 자동차는 기계이면서 전자제품이기도 하다. 컴퓨터가 기계를 제어하고 수많은 전자장치가 쉴 새 없이 작동해서 효과적인 기능을 돕는다. 또한 일정한 거리를 주행하게 되면 오일을 갈고 부품을 교체하며 유지를 해야 한다. 건축도 도시도 마찬가지다. 건축은 이제 기계이기도 하다. 수많은 기계가 작동하며 최적의 성능을 유지하는 것이다. 게다가 10년에 한 번은 지붕의 방수재를 교체해야 하고, 30년에 한 번은 보일러를 바꾸어야 하는 기계다. 한번 지어두면 뒷동산같이 스스로 수백 년을 버틸 거라는 생각은 오해다. 창을 열어두는 것만으로 환기가 되고 개울가에 흐르는 물에 빨래를 하던 시절의 건축과 현대 건축은 다르다. 기술입국을 통해 일어선 한국이지만 기술에 대한 불신은 매우 뿌리 깊다. 모든 일을 '자연스럽게' 처리하려 하다 보니 이러한 기계로서의 건축에 대한 이해는 멀기만 하다. 도시의 건축은 기술을 기초로 한다.

기술에 대한 불신은 곳곳에서 나타난다. 습식 건축을 고집하는 것이 좋은 예다. 특별한 기술이나 위험 부담 없이 풀칠을 하는 건축 형태는 건축공법이 아무리 발전했다 한들 그대로다. 환기나 채광을 자연스런 바람이나 태양에만 맡기는 일은 더 말할 것도 없다. 하지만 신호등 없는 도시를 상상할 수 없는 것처럼 현대 건축은 기술을 통해 완성되고 유지된다.

기술이 나라를 세운다는 뜻의 '기술입국技術立國'이라는 말은 '반 공방첩'이나 '쥐를 잡자'는 말 만큼 어렸을 적부터 많이 들어온 말이 다. 별 자원이나 자본 없이 한국이 근대화를 이룬 배경에는 기술이 있 었다. 자연을 극복하는 경험을 모은 것이 기술이다. 무거운 짐을 지어 나르는 것보다 수레바퀴를 이용하고 기둥을 세우고 지붕을 얹어 비를 피하는 것도 기술이다. 정보기술도 기술이며 통신기술도 기술이다. 현대인의 삶 곳곳에 스며들어 보이게, 보이지 않게 작용하고 있는 것 이 기술이다. 그러나 기술에 관한한 한국 건축, 또 그것이 만들고 있 는 도시의 태도는 갱신과 불신을 오간다는 뜻에서 이중적이다.

미국의 문명비평가 루이스 멈포드Lewis Mumfors는 기술과 현대 도시 의 관계를 이렇게 정의한다.

각 층의 하중을 지탱하기 위해 석재를 동원해 지지를 강화했던 과거에서 벗어나 강철 뼈대를 택한 것, 이것은 로마시대 이래 건축의 역사에서 가장 중대한 사건이다. 건축은 단번에 족쇄와도 같던 돌의 무게를 떨쳐버리고 믿을 수 없을 만큼 자유롭게 되었다. 건축은 갑자 기 새로운 차원을 얻었다. 바로 높이다.

_루이스 멈포드, 《The City in History》 1961, 441~442쪽

현대 도시는 엘리베이터와 강철이라는 기술의 진보로 오늘날의 모습을 갖추었다. 기술의 진보를 믿고 끊임없이 새로운 기술을 적용 하는 것이 도시를 보존하고 새롭게 태어나게 하는 길이다. 초가집을

짓던 습식 건축에 머물러 있는 한 도시는 매번 허물고 새로 짓기를 반복하는 찰나적인 소모품에 불과하다.

기억의 지우개, 소아병의 도시 서울

무늬만 나무고, 무늬만 돌인 건축은 지속 가능할 리가 없다. '무늬만…… 건축'은 서울을 유례없이 어린 도시로 만들었다. 6백 년이 되었다는 서울에 있는 건물의 75퍼센트 이상이 1980년 이후에 지어졌다. 50년이 넘은 건물은 2.43퍼센트에 불과하고, 20년 이하의 건물은 57퍼센트나 되니 사람으로 치면 미성년자 건물이 주를 이루고 있는 셈이다. 건물의 평균 나이가 시민의 평균 나이보다 훨씬 어린 도시가 된 것이다. 여기에 계속되는 뉴타운 사업이나 재개발로 이 나이는 점점 더 어려질 것이다. 청와대, 대법원, 서울역, 국립박물관이 아직 지은 지 20년이 되지 않았다. 시청은 새로이 공사 중이고 25개 구청들은 새로 지었거나 리모델링이라는 국적 불명의 수리를 거듭한 터라, 원형을 보존하고 있는 경우는 거의 없다. 민간으로 넘어오면 문제는 더 심각해진다. 입주한 지 20년이 지나면 재개발을 꿈꾼다. 살고 있는 아파트가 구조 안전진단에서 위험 등급을 받게 되면 이를 '통과'라는 말로 표현하고 '경축'이라는 글과 함께 현수막을 내건다.

서울은 시간이 지나도 나이를 먹지 않는 피터 팬의 도시이자 소아병의 도시다. 롤리타콤플렉스에 걸려 있는지도 모른다. 새로 지은 건물, 새집에 산다는 것은 가슴 설레는 일이 분명하지만 병적이라는 점에서 '새집밝힘증'이라 부를 만하다. 새집증후군이 병으로 발전할 수 있는 증상이라면, '새집밝힘증'도 병이다. 도시의 성장을 막고 유아 단계에만 머물게 하는 중병이다.

토론토대학의 지리학과 교수인 에드워드 랄프는 개인이 필요로 하는 것은 땅덩어리가 아니라 장소며, 그 안에서 자신을 확장시키고 자기 자신이 될 수 있는 맥락이 필요하다고 주장한다. 따라서 장소란 돈으로 살 수 있는 것이 아니며, 오랜 시간에 걸쳐 평범한 사람들의 일상생활을 통해 형성되어야 한다고 주장한다. 그러고는 강력하게 인간의 존재와 장소의 관계를 정리한다. "인간답다는 말은 곧, 자신의 장소를 가지고 있으며 그 장소를 잘 알고 있다는 뜻이다."

이탈리아의 세계적인 건축가 알도 로시Aldo Rossi는 기억은 장소와 연결되어 있으며, 도시는 집단적 기억의 장소Locus라고 말한다. 그러나 서울에는 백 년은커녕 50년 된 건물도 드물다. 어릴 적 살던 집은 헐려서 아파트로 다시 태어났고, 다니던 중학교는 강남으로 이사했으며, 고등학교는 새집으로 바뀌어 모습을 알아볼 수도 없게 되었다. 동네의 풍경은 흔적도 없이 사라졌고, 젊은 시절의 추억이 통째로 담겨 있던 무교동의 카페와 술집은 단정한 화단으로 변해 있다. 문제는 50년 후에도 그럴 거라는 것이다. 우리의 아이들도 우리 세대처럼 어릴 적 기억이 말소된 '장소 상실의 도시'를 살아가고 있을 것 같아 걱정스럽다.

아파트는 도시의 미래가 아니다

아파트

가장 도시적인 주거 형태인 아파트가

서울에서는 오히려 도시를 해치는 주범이 되었다.

이는 아이러니이자 한국 도시의 최대 불행이다.

외국의 생경한 주거 형식이던 아파트가

한 세대 만에 가장 보편적인 주거 형태로 자리 잡은 것은

세계 건축사에 유례가 없을 정도다.

여기에는 도시, 건축적 고려를 넘어선 사회경제적, 정치적 요인이

작용하지만, 무엇보다 아파트가 주거라기보다는

재산 증식의 의미가 강하기 때문임을 부정하기 어렵다.

따라서 아파트는 자신의 취향보다는 시장이 원하는 바를 추구하는

'타자의 건축'으로 성립한다. 시장이라는 괴물은

아파트에게 도시에서 상상할 수 없는 특권을 바란다.

모든 세대가 남향일 것을 요구하고, 울창한 자연에 둘러싸여

있기를 원하며, 방음벽으로 도로와 차단돼 고요한 환경이기를 원한다.

도시의 문화적 경제적 혜택은 고스란히 누리면서도

도시의 번잡함은 멀리하겠다는 이중적인 태도가

주거와 도시를 모두 망치고 있다.

탐욕적이며 이기적인 아파트의 미래는 도시의 미래 또한 어둡게 한다.

이전의 개발시대 때는 재개발을 통해 평수를 늘리는 것이 가능했지만,

인구가 감소하고 요즘 지어진 건축의 수명이

다 되었을 때가 되면 서구의 선진국들이 겪었던

슬럼화의 길을 걷게 될 것이 분명하다.

강북의 구도심조차 이러한 아파트의 숲으로 바꾸겠다는

'뉴타운' 정책은 그래서 더 위험하다.

가장 한국적이며 현대적이고 독창적인 건축

인도의 건축가 라지 레왈^{Rej Rewal}이 한국에 온 적이 있다. 인도에는 찰스 코레아^{Charles Correa}라는 세계적인 건축가가 있다. 코레아가 김연아라면, 레왈은 곽민정 정도 되는 국민 건축가다. 국제공모 심사위원으로 초청을 받아서 왔는데, 일주일이나 먼저 도착해서 자비를 들여 서울을 샅샅이 살펴보았다고 한다. 서울의 소감을 이야기하는 자리에서 그는 아름답다는 의례적인 인사 후에 실망스런 표정을 지었다. 자신은 인도와 한국이 비슷한 역사를 지녔고 현재에도 비슷한 위치에 있다고 생각했단다. 강하고 오랜 역사를 지닌 만큼 서구 식민지로부터 현대화되는 과정에서 건축의 변천이 궁금했단다. 해외에 소개된 한국의 모습에는 기와가 있는 전통 건축과 현대 건축물이 조화를 이루고 있어서 혼자 그런 상상을 했었다고. 그러곤 좌중에 있던 건축가들에 물었다. "가장 한국적이며 현대적이고 독창적인 건축을 소개해주시길 바랍니다." 한국 건축의 핵심을 찌르는 질문이었다. 제3세계 건축가들이 겪는 고민을 함께 나누려는 늙은 건축가의 유대감이 묻어나오는 질문에 좌중은 순간적으로 당황했다. 진심을 알면서도 섭섭했다. 너무 아파서 잊어버리려고 했던 상처를 다시 건드리는 느낌이었다. 창덕궁은 한국적이며 독창적이기는 하지만 현대 건축물은 아니다. 서울 도심의 수많은 현대 건축물은 대부분 세계 어디에선가 본 것 같은 느낌이 든다. 어색해진 자리는 쾌활한 미국인 건축가의 농담으로 흘러갔지만 레왈의 질문은 그 후로도 한참 동안 머릿속에서 떠나지 않았다.

한국적이며 현대적이고 독창적인 건축이 뭘까? 해답은 건축학과 설계 수업 시간에 한 학생으로부터 나왔다. 이 수업은 학생 각자가 준비한 설계안을 발표하고 이에 대한 각자의 의견을 말하고 토론하는 것으로 진행된다. 주제도 건축 작품만큼 다양해서 다른 분야나 시사적인 이슈, 심지어는 컴퓨터 게임 같은 것도 토론의 대상이 된다. 교수의 역할은 토론을 조정하고 적절한 질문을 던지는 것으로 고학년 수업일수록 더욱 중요해진다. '독창성'을 주제로 토론하던 중 가볍게 던진 질문에 학생들은 고민하는 빛이 역력했다. 이때 한 학생이 스핑크스의 수수께끼를 푼 오이디푸스처럼 외쳤다.

"아파트요."

모두가 웃었지만 정답이었다. 한국의 아파트는 한국적이며 현대적인 동시에 독창적이다. 이후에 이어진 대화에서 이의를 제기하는 학생도 있었지만, 질문의 요지가 좋다 나쁘다를 따지는 가치판단의 문제는 아니었으므로 정답이었다.

정답을 레왈 선생에게 알려주지는 못했다. 선생이 떠난 지 두 달이나 지난 뒤였고, 그 후로도 가끔씩 이메일을 주고받긴 했지만 이 이야기를 전해야겠다는 생각이 들지 않았다. 학생들이나 나 자신은 왜 선뜻 정답에 공감하지 못했을까? 처음의 질문이 더해져 스핑크스가 두 마리가 된 느낌이었다.

어이없어하며 오답이라고 주장하던 학생들에게 아파트는 심각한 건축이 아니었다. 그리고 아파트라는 건축 형식이 무언가를 향해 가고 있지만, 아직은 과도기를 벗어나지 못했다는 평가를 은연중에 내리고 있는 듯했다.

한국의 모든 건축학과 교수들에게 주택설계 시간은 고민스러울 수밖에 없다. 건축학과에서는 1학년 과정에서 제도나 기초조형 등 건축 기초에 대한 훈련이 끝나면, 2학년 과정에서 본격적으로 건축설계를 시작한다. 규모가 작고 친숙한 공간인 주택설계가 첫 번째 과제인 경우가 많다. 학생들이 편하게 접근할 수 있도록 가상의 대지도 호숫가 주변이나 풍광이 좋은 외떨어진 곳으로 설정한다. 복잡한 도시 환경은 저학년 학생들이 다루기에는 조건이 너무 까다롭기 때문이다. 내부 공간도 단출한 가족을 전제로 해서 거실과, 부엌, 방 두 개 정도의 작은 규모로 정해서 과제를 내주게 된다. 그러나 교수들은 첫 시간부터 좌절한다. 왜냐하면 학생들이 그려 온 것은 전부 아파트 평면도이기 때문이다.

"좀 다르게 해봐."

"이렇게 좋은 땅에 짓는 건데, 겨우 아파트야?"

별의별 말로 설득해보려 하지만 학생들은 과제가 끝나가는 동안 한 발짝도 움직이지 못한다. 그들이 살아본 집은 아파트가 전부였기 때문이다. 이미 전 인구의 절반 이상이 아파트에 살고 있고, 다른 주거의 형태도 아파트와 다르지 않아서 거의 모든 인구가 아파트에 산다고 해도 과언이 아니다. 한 학생은 자신이 아파트에서 태어나고 자랐으며, 이사한 집도 아파트가 전부라고 고백한다. 친척이나 친구의 집도 죄다 아파트뿐이었단다.

그들에게 주택을 설계하라는 것은 가보지 않은 달나라에 집을 설계하라고 하는 것과 다름없다. 기후 조건이나 생활양식이 전혀 다른 아마존의 어느 부족이 살게 될 집을 설계하라는 과제만큼 낯선 것이다. 거실과 식당이 계단 몇 개로 구분되어 있는 2층집을 설계하는 것은 더 어려운 일이다. 변화 있게 구성하리란 건 기대할 수도 없다. 서울에는 그런 아파트가 별로 없기 때문이다. 3차원 공간을 다루는 건축가에게 '평면적이다' 또는 '2차원적이다'라는 말은 치명적인 혹평에 가깝다. 그러나 한국 건축가들의 출발선은 이처럼 평면적이며 2차원적일 수밖에 없다.

책을 많이 읽는 것이 좋은 글을 쓰기 위한 기본인 것처럼, 건축의 경험이나 공간의 경험은 좋은 설계의 필수 조건이다. 우리나라의 아파트는 독창적이지만, 한국 건축가들의 창의력을 초기의 경험 단계부터 제한한다. 평면적인 집에 살며 그마저도 비슷비슷한 구조에 사는 학생들이 집에 대해 가지고 있는 선입견을 깨는 일은 다른 무엇보다도 어렵다. 아파트의 독창성이 독창적이지 않은 건축가를 만들어내는 것은 한국 건축의 커다란 고민이자 최대의 아이러니다. 이게 어디 건축만의 일이겠는가.

그렇다면 무엇이 한국의 아파트를 이토록 독창적인 것으로 만드는 것일까? 정답은 주택공사의 설계지침에서 찾을 수 있다. 이는 주택공사가 설계를 의뢰하면서 제시하는 요구사항인데, 그중 핵심적인 것이 다음 세 가지다.

- 전 세대를 남향으로 배치할 것.
- 3.5베이Bay 이상으로 할 것.
- 공용 공간 면적을 최소화할 것.

튼튼하게 할 것, 기능적으로 할 것, 주차장이나 단지 입구를 설치하는 방법 등 통상적인 것이 대부분인 가운데, 한국 아파트의 독창성을 책임지는 세 가지 핵심요소가 주택공사의 설계지침에 들어 있다. 주택공사는 해방과 더불어 생긴 주택을 공급하는 기관이지만, 주택이라는 것이 아파트라는 말과 같은 뜻으로 쓰이면서 아파트에 관한 한 최고의 경험과 기술력을 보유하고 있는 공기업이다. 어느 건설회사보다도 많은 아파트를 지었으며 지금도 매년 10만호 이상의 아파트를 공급하고 있다. 산하에 주택연구소를 두고 있는데, 이는 국내에서 가장 큰 건축, 주택 관련 연구소다. 공기업인 주택공사도 시장을 외면하고 '건축적으로 올바른' 아파트만을 고집할 수 없었던지 새로운 지침을 내놓은 것이다. 나름대로 시장을 면밀히 분석하고 '잘나가는' 아파트를 참고하여 만든 지침은 교과서가 가지고 있는 품위를 싹 뺀 참고서처럼 핵심을 요점정리하고 있다. 이런 주택공사가 제시한 설계지침은 그 자체만으로 의미가 크다. 한국 아파트의 현실을 파악하고 가까운 미래를 가늠할 수 있기 때문이다.

전 세대 남향 아파트의 신화가 탄생하다

1998년 4월 한국의 도시는 커다란 변화를 맞는다. 나비의 날갯짓 하나가 태풍을 부르듯 한국의 도시의 운명은 예기치 못한 아침 신문 광고로부터 시작되었다. 때는 IMF 사태가 시작되고 그 불안의 징후가 끝을 모르고 달리던 시절이었다.

광고는 용인에 천 세대가량의 아파트를 분양한다는 내용이었다. 분양가는 당시의 시세에 비하면 저렴한 편이었지만 분당에 이어 이제 막 개발을 시작하려던 용인의 위치나 도시 기반에 비하면 그리 저렴한 것도 아니었다. 다만 서울이나 분당에서 물량이 달리던 50평 이상 대형 평형이 주를 이루고 있다는 점이 특이할 뿐이었다. 광고는 쾌적한 아파트라는 상투적인 제목으로 시작하고 있었는데, 내 눈길을 끈 것은 '전 세대 남향'이라는 문구였다. 그 아래로 성냥갑 모양의 아

파트가 남쪽을 향해 줄지어 서 있는 조감도가 촌스럽게 그려져 있는 5
단 광고가 눈에 띄었다.

'전 세대 남향이라니…… 쯧쯧.'

졸음이 가시지 않은 채 아침에 받아본 신문에 눈에 띄는 광고를
보며 나도 모르게 탄식이 나왔다. 그간에 한국의 아파트가 얼마나 발
전했는지 모르는 문외한들의 작품일 거라고 생각했다. 그러나 시장의
반응은 달랐다. '전 세대 남향'은 IMF의 와중에서도 천여 채의 아파트
를 모두 팔아치우고 다시 비슷한 개념으로 2차 분양까지 성공했다. 철
없는 문외한은 그들이 아니라 나였다. 한국의 아파트 수준이 20년 전
으로 되돌아가는 순간이었다. 이후로 남향 아파트는 깨지지 않는 한
국 건축의 신화가 되었다.

한국 아파트의 역사는 그리 오래되지 않았지만 처음부터 썩 좋은
인상으로 시작된 것은 아니었다. 초기에는 아파트라는 말 뒤에 항상
서민이라는 수식어가 따라붙었다. 서민 아파트는 고급 아파트라는 말
보다 친숙했고, 대부분 서울의 비탈에 지어진 아파트는 달동네와 비
슷해 보이기도 했다. 고급 아파트는 맨션이라는 이름으로 달리 불렸
기에 왠지 다른 배경을 가진 소수의 사람들만이 사는 특이한 주거 형
태로 여겨졌다. 반면 아파트는 항상 슬럼과 연관 지어졌고, 유럽이나
미국의 서민 아파트의 암울한 이미지로 먼저 알려졌다.

서양식 아파트의 평면 구조도 그대로 본떴다. 초기에 지어진 아
파트는 방향에 상관없이 중복 도형인 것이 많았다. 또, 다른 주택들

과 마찬가지로 연탄 난방이기는 했지만, 거실에는 바닥 난방 대신 라디에이터가 있는 형식이었다. 수세식 화장실이나 입식 부엌, 현대식 난방 같은 장점도 있었지만 왠지 우리 생활에 맞지 않는다는 정서적 거부감이 크게 작용했다. 아파트의 편리함이 알려지고 더 이상 게으른 주부의 사치가 아님이 퍼지자 아파트는 울컥거리며 그 값을 올렸다. 강남 등 이른바 노른자위 아파트는 서민이 넘보기에는 너무 비싸졌고, 좋은 뉴스든 나쁜 뉴스든 그 내용은 값이 뛰었다는 이른바 불패신화를 가져왔다. 여기에 정부는 도시 전체가 아파트인 신도시를 구상하고 실천에 옮겼다. 분당과 일산이 이때 생겼다.

아파트 문화의 발달 측면에서 보면 가장 큰 변혁을 맞았다고 볼 수 있는 시기다. 허허벌판에 도시를 만드는 일이었으므로 체계가 있었고, 나름 이상적인 한국형 아파트의 제안에도 적극적이었다. 20층이 넘는 초고층 아파트가 생겨나 서울의 위성도시 격인 신도시들에 서울보다 고층건물이 들어서는 기형적인 모습을 보였지만, 긍정적인 면도 많이 있었다. 단지의 구성도 다양해졌다. 'ㅁ'자형으로 마당을 사이에 둔 아파트같이 남향보다는 거주의 커뮤니티를 높이는 방향으로의 개발이 이루어졌다. 주차장을 지하에 두어 넉넉한 주차 공간을 확보하고, 놀이터나 공원 같은 부대 시설에 대한 관심이 높아진 것도 이때부터다.

전 세대 남향 아파트의 보급은 나름대로 발전하던 아파트가 다시 70년대로 회귀하는 결과를 낳았다. 이후 신도시 개발이나 뉴타운, 도심 재개발을 막론하고 전 세대 남향 아파트는 그 모든 개발 지침에서 확고부동한 위치를 갖게 되었다. 공기업 주택공사도 이 대열에 동참하게 된 것뿐이었다.

물론 하루 종일 햇빛을 받을 수 있는 남향은 이상적이다. 삶에 있어 햇빛은 절대적이다. 햇빛이 있어 식물이 자라고 동물이 살아갈 수 있다. 또 햇빛에는 열과 빛뿐 아니라 정서를 안정시키는 기능도 있으며, 살균 효과까지 있다. 원시 부족들에게 태양신은 가장 일반적인 숭배 대상이었다. 세상을 먹이고 입히는 신과 근접한 대상이었기 때문이다.

우리는 농경사회를 기반으로 5천 년을 살아왔다. 집 안에서 기본적인 작업을 해야 하므로 해가 잘 드는 마당이 필요했다. 냉난방 설비가 달리 없었던 시절에 여름에 시원하고 겨울에 따뜻한 남향은 자연의 혜택을 가장 잘 누리는 방법이었다. 그런데 뿌리 깊은 남향 선호는 가장 도시적인 형태의 주거라고 할 수 있는 아파트에서도 여전히 그 위력을 발휘한다. 띄엄띄엄 집들이 놓여 있는 농경사회의 공간 구조는 아파트라는 압축적인 현대식 건축에도 그대로 녹아들었다. 한편에서는 남향의 근거로 풍수지리를 들기도 하지만, 이는 사실이 아니다. 관련 문헌을 찾아보면 농사의 신이 남으로 뻗어 있다는 애매모호한 구절만이 있을 뿐이다. 풍수를 무엇보다 중요하게 고려하는 중국에서도 도시에서 건물을 지을 때 남향을 집착하지 않는 것이 좋은 방증이다. 그렇지만 전통 건축의 영향은 서울의 모든 중요한 건물을 남향으로 만들게 했다. 청와대가 그렇고, 대법원도 남향이다. 심지어 남쪽이 산으로 막혀 있고 북쪽으로 도로가 있는 예술의 전당도 억지로 남향이다. 도시에 등을 돌리고 서 있는 것이다.

우리나라 밖으로 눈을 돌려보면 사정은 전혀 다르다. 백악관은 유명한 북향 선물이나. 백악관 북쪽으로 커다란 녹지대가 있고 그 녹지대의 서쪽에 의사당이 동쪽에 링컨 기념관이 있다. 중간 중간에 여러 종류의 박물관들이 흩어져 있는데 모든 건물이 이 녹지를 중심으로 배치되어 있으므로 백악관은 북향이 될 수밖에 없었다. 한편 유럽의 성당들은 대체로 서향이다. 유럽에서 보았을 때 예루살렘이 동쪽에 있어 그 방향으로 배치하다 보니 성당의 입구는 자연 반대편인 서쪽에 놓이게 된다. 그 입구 앞에는 보통 광장이 있는데, 이곳에서의 활동은 보통 오후에 이루어지므로 자연히 그렇게 배치되었을 것이다.

이처럼 남향의 장점에도 불구하고 건축에서 '방향'은 다른 여러 이유를 고려해 적절히 선택하는 것이 자연스러우며 당연한 일이다. 특히 도시에서의 건축은 고려해야 할 사항이 수백 가지는 된다. 지형, 주변 건물들의 상황이나 교통의 흐름, 사람들이 가장 많이 이용하게 될 방향, 주변 녹지의 방향 등 이루 헤아릴 수 없는 조건들을 검토한 후 방향을 결정하게 된다. 모든 조건을 무시하고 '남향'만 고집할 수 있는 단순한 문제가 아니다. 모든 방향은 나름의 장점을 가지고 있다. 남향이 가지고 있는 장점이 크기는 하지만 절대적이지는 않다. 북쪽이라고 해서 빛이 전혀 안 드는 암흑도 아닌 것이다.

우리나라에서 남향은 시장에서 인정하는 가장 높은 가치가 있는 아파트의 조건으로 자리 잡았다. 해가 나는 시간에 집에 거의 머물지 않는 사람들조차 남향을 외치게 되었다. 낮에 집에 머무는 주부나 아이들의 공간을 북쪽에 배치하면서도 줄곧 남향을 주장한다. 한강이나 남산이 북쪽으로 펼쳐진 지역에서도 건물의 정면, 즉 발코니는 남향이다. 좀비 건물의 시초가 되는 것이다. 영혼 없이 한곳을 바라보며 줄 지어 행진하는 좀비를 꼭 닮은 서울의 아파트를 '전 세대 남향'의 구호가 만들어냈다.

아파트에서 남향을 고집하는 것은 불가능하다. 모든 건물을 남쪽으로 배치하게 되면 당연히 동 간 거리 확보에 문제가 생긴다. 태양은 여름에 고도가 높다. 다시 말해 여름에는 그림자가 짧아지고 겨울에는 그림자가 길어진다. 정작 필요한 겨울에 볕을 받기 위해서는 앞 건물과의 거리가 중요하다. 1층에 있는 세대까지 볕을 받기 위해서는 충분한 거리가 확보돼야 한다. 앞 건물의 층수를 낮추거나 뒤에 있는 건물을 충분히 떨어뜨리면 되겠지만, 그러기에는 어마어마한 거리가 필요하기에 전 세대가 남향으로 자리 잡는 것은 불가능한 일이라는 것이다.

남향이라는 무모한 조건에 희생되는 것은 외부 공간이다. 건물에 차별성이 없어졌으므로 아파트는 각 단지마다 조경에 힘을 기울인다. 고급 소나무는 물론이고 여러 군데로 나누어진 마당을 테마가 있는 공원으로 꾸몄다며 광고한다. 예전에 어린이 놀이터 정도를 성의

'전 세대 남향'의 맹목적인 구호 때문에 옥외공간에 항상 그늘이 드리우
거나 앞 동 건물의 뒷모습만 바라보고 살아야 하는 일이 벌어진다. 혹
은 아예 빛이 들어오지 않는 경우도 있다.

없게 만들어놓았던 것과는 판이하게 다르다. 그러나 애써 만든 공원 수준의 조경은 곧 시들게 마련이다. 햇빛을 최대한 받는 곳이 건물이 게끔 지었기 때문이다. 낮에 아무도 없는 집에 해가 잘 들게 하기 위해 마당은 하루 종일, 일 년 내내 그늘진다. 그와 더불어 거기에서 마땅히 일어나야 할 공유 행위들도 시들어간다. 남향 아파트를 선호하는 것은 공유 공간의 희생을 대가로 사적 공간의 채광을 주장하는 매우 이기적인 행태이다.

한국형 아파트의 필수 조건, 3베이 아파트

남향 아파트를 더욱 반도시적으로 만드는 것은 판상형 남향 아파트다. 그리고 편평한 아파트를 더욱 납작하게 만드는 것이 3베이 아파트다.

베이^{Bay}라는 것이 세 개 있다는 말인데, 베이란 주거의 최소 단위를 말한다. 초가삼간은 방, 마루, 부엌이 각 한 칸씩 세 칸이 있다는 말이고, 아흔아홉 칸 기와집은 이런 방이 99개가 있다는 말이다. 베이는 이런 칸을 가리키는 건축 용어인데, 부동산 시장에서만 통용되는 특별한 뜻이 있다. 3베이라 함은 정면을 향하고 있는 베이의 수가 셋이라는 뜻이다.

몇 년 전까지 32평형 아파트의 베이는 둘이었다. 즉 정면 발코니를 향하여 안방과 거실 두 칸이 배치되고 거실에 이어지는 부엌과 후면 쪽으로 방 두 개가 배치된 구조가 가장 일반적이었다. 남향이 강조되면서 남쪽에 방 하나가 더 배치되는데, 면적은 비슷하므로 전체적으로 건물의 깊이는 줄어들게 된다. 이른바 납작한 판상형 아파트가 된다. 판상형이 더욱 발전하여 4베이 아파트도 등장하게 되는데, 이때 모든 방과 거실은 남향으로 배치되고, 뒤쪽으로는 부엌과 복도가 생겨 기차를 뉘어놓은 듯 기다란 배치를 이룬다. 각 방의 채광은 좋아지지만 아파트 전체의 건물 비례는 점점 얄팍해진다.

발코니를 확장해서 거실이나 방에 붙여 쓰는 것이 합법화된 이후로 발코니를 앞뒤로 많이 붙일 수 있는 3베이 아파트가 유행하게 된다. 발코니는 엄밀히 말하면 건축공간이 아니다. 사면이 벽이고, 바닥과 지붕이 있기는 하지만 법규에서나 학술적으로나 내부공간이라기보다는 내부와 외부 사이의 완충공간, 전이공간의 의미가 더 짙다. 그러나 시장은 발코니를 내부공간으로 사용할 수 있도록 요구했고, 정부는 2005년 이에 굴복하고 만다. 발코니 확장의 합법화는 3베이 아파트 유행의 큰 계기가 되었다. 외부와 닿는 면이 많으면 더위나 추위를 막는 데는 덜 효율적일 수밖에 없다. 더구나 유리는 공사가 간단하고 가장 저렴한 건축자재이지만, 단열이라는 측면에서는 매우 취약하다. 그러나 발코니를 없애고 방으로 확장하면 일종의 보너스 공간을 얻을 수 있다는 점에서 발코니가 많은 3베이 아파트는 시장에서 큰 호응을 얻고 있다. 최근에는 전용 면적이 20평에 못 미치는 24평형 아파트도 4.5베이로 배치하는 평면 구조가 등장하기까지 이른다. 거실과 모든 방이 남향으로 배치되는 것이다. 물론 준공 후에 발코니 확

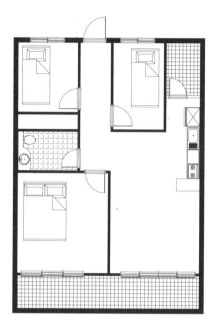

(a) 2-Bay 32평형 아파트 평면

(b) 4.5 Bay 아파트 평면

정면으로 향하는 베이가 둘이었던 32평형 아파트(a)에 비하여 요즘 새로 짓는 아파트는 정면에 4.5개의 베이가 배치되어 있다(b). 그 결과로, 아파트는 더욱 납작한 판상형이 된다.

장을 하는 것을 전제로 만든 평면이기 때문에 확장을 하지 않고는 도저히 사용할 수 없는 구조다. 여기에 3베이 아파트를 '친환경적 아파트'로 광고하는 건설회사의 상술이 더해져 3베이 아파트는 대한민국 주거의 표준이 되었다. 아전인수요, 오해도 이런 오해가 없다. 같은 면적의 아파트라면 외부 공기와 면하는 면이 적을수록 에너지 손실이 적고 친환경적이다. 하지만 왠지 창이 시원하게 트여 외부 자연을 많이 면하면 면할수록 친환경적이라는, 마케팅 전략이 먹힌 것이다.

한 세대가 지나는 동안 생활 수준이 향상되면서 집 안의 공간은 분화했다. 안방에서 일어나던 일들을 생각해보자. 일어나서 이불을 개어 치워놓고 밥을 먹고 밥상을 치우고는 그 위에서 공부를 하던 일들이 한 공간에서 일어났다. 때로는 동시에 여러 일들이 일어나기도 했다. 그러나 삶이 나아지면서 여러 행위들은 각각의 공간을 갖게 되었다. 잠은 침실에서 자고, 밥은 식탁에서 먹으며, 공부는 서재에서, TV는 거실에서 보는 생활이 이루어졌다. 이 모든 공간이 남향을 필요로 하는 것은 아니지만, 3베이 아파트는 모든 기능을 남향으로 배치한다.

그 결과 3베이 아파트는 좁은 지하철에서 다리를 최대한 넓게 벌리고 앉는 이른바 '쩍벌남'을 닮았다. 게다가 신문까지 활짝 펴서 족히 세 좌석은 혼자 차지한다. 누구에게나 주어져 있는 한 칸을 무시하고, 보이지는 않지만 분명한 경계를 넘어 이웃의 영역을 침범하는 쩍벌남 아파트가 된 것이다.

어느 아파트든 두 가지 면적을 갖는다. 우선 순수하게 세대가 사용하는 면적인 전용 면적이 있다. 그리고 주차장, 복도, 엘리베이터 홀처럼 함께 쓰는 면적 전체를 세대 수로 나눈 공용 면적이 있다. 공용으로 사용하기에 누구의 것도 아니지만, 건설사 입장에서는 돈을 들여 지은 면적이므로 이를 세대별로 배분한 것이다. 이 둘을 합친 면적을 분양 면적이라고 한다. 그러나 이는 건설사에서 만들어내고 이를 기준으로 판매하기 때문에 시장에서 통용되는 숫자에 불과하다. 대개 32평형 아파트의 전용 면적은 25평 정도가 된다. 정부에서 말하는 국민주택 규모가 25평이고 세금도 이 면적에 따라 내지만 집을 살 때는 분양 면적에 따라 집값을 친다. 공용 면적이 작아지면 그만큼 전용 면적 비율이 올라가므로 좋은 아파트 대접을 받는다.

발코니 확장과 3베이 구조는 바로 한국의 아파트의 특성을 나타내는 중요한 지점이다. 거칠게 말하면 한국의 아파트는 공동 주택이기를 거부한다. 자신의 집 한 칸 자체로 하나의 고급 주거지가 되며, 옆 세대는 이웃이 아닌 언덕이나 구릉 같은 자연의 일부와 다름없다. 언덕은 소음을 내지 않는다. 언덕과 왕래나 대화를 할 수는 없는 일이다. 철문으로 스스로를 가두고 작고 쾌적한 왕국을 꾸미는 일이 벌어진다.

공동 주택의 기본이랄 수 있는 로비는 더욱 심각하다. 아파트 건물 한 동은 시가 수백억에 달하는 건물이지만, 입구는 뒷골목으로 난 샛문으로 들어가듯 비좁고 낮다. 공용으로 쓰이는 공간은 주차장과 엘리베이터 홀뿐이다.

뉴욕에 살던 아파트는 우리의 실정과는 사뭇 달랐다. 미국의 아파트는 모두 임대다. 우리 식의 아파트는 콘도미니엄, 또는 줄여서 콘도라 부른다. 따라서 아파트를 사고파는 일은 대규모 부동산 업자에게나 해당되는 말이다. 일반인들은 콘도를 사고판다. 아파트에는 슈퍼라 부르는 관리인이 있다. 그는 만인의 하인이며 동시에 만인의 상전이다. 온갖 잔소리를 다 하면서 또 온갖 잡일을 마다하지 않는다. 쓰레기 분류를 하기도 하고, 전등을 갈아 끼우는 일도 그의 몫이다. 월세가 밀렸을 때 우편으로 독촉하지만 따로 사정을 알아보기도 하고 아파트 앞의 보도를 쓸고 청소하는 일도 슈퍼 아저씨가 하는 일이다.

어느 날 슈퍼가 주민들을 불러모았다. 로비 바닥에 관해서 의견을 듣고 싶다는 것이다. 1930년대에 지어진 건물은 당시에 유행하던 아르데코 스타일의 모자이크 타일로 바닥이 장식되어 있었다. 각두기만 한 대리석 조각을 촘촘히 붙여 모양을 내고 그 위를 갈아내서 만든 하나의 공예품 같은 바닥이었다. 70년대쯤에 그 위에 싸구려 비닐 타일을 붙여서 이제는 진한 회색을 띠고 있었다. 당시 석면은 훌륭한 접착제였지만 이제는 석면이 위험하다고들 하니 걷어내고 다른 재료로 교체할까 하는데 어떤 게 좋을지 의견을 묻는 자리였다. 토론은 뜨거웠고 저마다 전문가 수준의 식견을 가지고 있었다. 나무 마루, 돌, 여타 비닐타일……. 생각할 수 있는 모든 재료가 나온 후, 비닐타일 아래 고이 잠자고 있는 원래의 대리석 모자이크 바닥을 복원하기로 결론이 났다. 항상 비어 있는 로비의 바닥을, 그것도 제 집도 아닌 임대 아파트의 로비 바닥을 놓고 열을 올리는 토론 장면은 낯설었다. 하지만 그들에게 아파트 로비는 자신의 거실과 마찬가지로 자신이 점유하고 사용하며 자신을 표현하는 자신의 집의 일부이기 때문에 가능한 일이었다.

'당신이 사는 곳이 당신을 말해줍니다'라고 하지 않았던가?

주택공사의 세 가지 지침은 교외형 주거를 위해서는 필요한 조건이지만, 도시에 적용할 때는 도시의 기본적인 특성과 편익을 희생하는 대가를 요구한다. 한국에서 아파트는 더 이상 건축의 문제가 아니다. 정치의 고려 대상이고 사회적 현상이며 경제의 문제다.

발레리 줄레조Valerie Gelezeau는 "한국의 건축가들은 주택문제에 흥미를 상실했다"고 탄식한다. 줄레조는 한국의 특이한 현상으로 아파트에 관심을 가지고 연구해 박사 학위 논문까지 쓴 프랑스의 여성 지리학자다. 그녀의 박사 학위 논문은 우리나라에서 《아파트 공화국》(후마니타스, 2007)이란 책으로 출간되기도 했다. 한국의 아파트 역사에서부터 사회학적, 건축적 분석을 담고 있는데, 처음부터 끝까지 객관적이고 학문적인 태도를 유지하려는 것이 눈에 띈다. 그러나 한국 사람 입장에서는 읽는 동안 뜨끔하기도 하고, '이건 아닌데……' 하며 지적하고 싶은 충동을 일으키는 묘한 감정을 불러일으키는 글이다. 줄레조는 한국의 아파트에 대한 논문을 불어로 쓰면서 상당량을 한국 아파트보다도 그 문화적 배경을 설명하는 데 할애하고 있다. 그만큼 그들의 정서로 이해할 수 없는 부분이 많다는 뜻이다. 가령 브레이크를 풀고 이중주차를 하는 현상과 그래야 하는 이유 및 그 과정까지 자세히 설명하고 있다.

이 글을 쓴 줄레조의 국적이 프랑스인 점이 흥미로운데, 근대적인 아파트의 탄생지가 프랑스 파리이기 때문이다.

1853년 파리 시장으로 부임한 오스망 남작Baron Haussman은 나폴레옹 3세의 명을 받아 대대적인 도시 개발 계획에 착수한다. 그리하여 중세의 도시 파리를 세계의 수도로 변모시킨다. 이 대개발 계획을 가리켜 '오스망 파리'라고 부르는데 철저하고 파격적인 것이었다. 우선 주요 건축물들을 잇는 대로를 만들어냈다. 개선문과 콩코드광장을 잇는 샹젤리제 거리가 이때 생겨났다. 널찍한 도로와 인도가 있고, 가로수가 줄지어 선 대로를 불바르Boulevard라 부르는데 이것이 등장했을 때의 충격은 엄청난 것이었다. 중세의 좁고 답답한 골목을 뚫고 새로 생겨난 이 대로를 따라 가로형 아파트가 지어졌다.

앞뒤가 긴 형태의 건물이 빽빽하게 늘어서 불바르의 한 변을 이루는 것이다. 우리 식으로 말하자면 1베이 아파트다. 어쩔 수 없이 공간이 깊어지고 빛이 들지 않는 방이 생기기도 했다. 실내에 있지만 위에서 아래까지 전부를 유리로 끼운 문을 '프렌치도어'라고 하는데, 깊은 공간에 조금이라도 빛을 넣기 위해 만들어졌다. 또한, 서양 집에는 덴Den이라는 공간이 있다. 부엌이 여자의 공간이라면 이곳은 남자의

르 코르뷔지에가 설계한 아파트의 평면. 우리 식으로 말하자면 1베이 아파트여서 부엌이나 식당 등에는 빛이 직접 들지 않는다.

공간이다. 서재라고 부르기에는 조금 비좁고 창도 없어서 쓸모없는 공간에, 푹신한 소파와 TV, 책 몇 권을 가져다놓은 남자의 점유 공간을 말한다. 필요가 공간을 만들지만 때로는 공간이 새로운 용도를 만들어내기도 한다. 불가피한 고육지책이 만들어낸 공간이지만, 새로운 종류의 사적 공간을 만들어냈다.

밝은 색 라임스톤(사암)으로 지어진 이 1베이 아파트는 에펠탑 못지않게 파리를 상징하는 중요한 건축이 되었고, 150년이 지난 지금에도 사람들이 사는 생활 공간이다. 불바르와 아파트의 관계는 되짚어볼 만하다. 도시는 밀도가 높은 곳이고 여기에서 자연적인 환경의 혜택은 제한을 받게 마련이다. 태양이나 환기, 그에 더해서 전망 같은 것은 일종의 공공재다. 이러한 공공재를 배분하는 방식이 새로우며 도시적이다. 즉 모든 사사로운 공간에 혜택을 주기보다는 공적인 공간인 불바르에 태양과 환기와 전망을 몰아주는 것이다. 그리고 아파트들은 불바르를 향해 열려 있다. 거리는 만인의 거실이 되고 만인의 식당이 되는 것이다. 이즈음 불바르에 만보객이라 불리는 산책하는 사람들이 생겨난 것도 이러한 배경에서다. 산책이라는 지극히 도시적인 행위가 생겨난 것처럼 새로운 도시의 문화가 태어나고 꽃피우게 되는 것이다.

그리고, 단지형 아파트의 행복하지 않을 미래

"아파트는 빼지……."

책을 기획하면서 주변에서 가장 많이 들은 말이다. 도시 문제에는 공감하지만 아파트는 공격이나 비난의 대상이 될 수 없다는 이유에서다. 또한 가장 한국화된 현대 건축의 형태인데 이를 지적하는 것은 위험하다는 것이다.

"그냥…… 있는 사실만 쓰려고요." 조심스런 대답에도 지인들은 고개를 저었다. 아파트는 객관적인 분석의 대상도 될 수 없다는 것이다. 사실 아파트에 관한 한 우리 모두는 공범이며 동업자이며 한 배를 탄 동지다. 아무도 아파트가 공격받는 것을 원하지 않으며 만약에 그런 일이 벌어진다면 자신이 공격받았다고 생각할 것이다. 자신의 전 재산이 공격받았기 때문이다. 이 책을 쓰는 동안 지지를 보내던 고교 동창 J조차도 아파트에 대해서는 선뜻 내키지 않아 했다. 그는 20대를 외국에서 보냈고 스스로 도시인이라고 자부하며 도시에 관한 이야

프랑스 리옹의 불바르 전경.

기에 "맞아 맞아!"를 연발하며 동감을 표시하곤 했다. 내용을 보태고 사례를 찾아주기까지 한 그였지만, 아파트 문제 앞에서는 그 큰 체구를 움츠렸다.

"아파트가 뭐가 문젠데?" 사실 내 대답은 궁색하다. 모두가 남쪽을 향해 늘어선 영혼 없는 좀비 같다는 내 대답에, 그는 남향이 얼마나 좋은데 일부러 피할 일은 없지 않느냐고 반문한다. 나는 이번엔 아파트가 판상형으로 늘어서 있어 군대 막사같이 보인다고, 산이나 강을 막아서 도시의 경관을 해치기도 한다고 말한다. 또 건축의 규모에 있어 주변과 차이를 보이는 것이 문제라고, 같은 단지 내에서도 문 하나만 닫으면 철저히 차단되기 때문에 전통적인 이웃 개념이 없어지는 폐단이 있다고.

열심히 문제 제기를 했지만, 막상 나열해보면 사소하거나 기껏해야 취향의 차이 정도다. 도시 경관을 해친다는 비판 정도가 뜨끔하겠지만, 어디 경관을 해치는 건물이 아파트뿐인가? 찬찬히 생각해봐도 아파트가 왜 공격을 받아야 하는지 알 수 없다. 그에 비하면 아파트는 장점이 더 많은 건축물이다. 도시적인 측면에서 볼 때 불량한 건물들을 쓸어내고 쾌적하고 현대적인 건물로 탈바꿈시킨다는 점에서 긍정적이다. 경관의 문제는 설계를 보완하고 산과 강을 열어주는 바람길을 만들어 해결하면 된다. 세상에 해결 못할 문제는 없다. 남쪽을 향해 늘어선 좀비 건물이라는 비판은 불쾌한 지적일 것이다. 햇볕을 최대한 받고 정원의 쾌적함을 즐기겠다는 개인의 문제를 왜 지적하는지 알 수 없어 한다. 이웃과의 단절이나 커뮤니티의 문제는 개인의 노력에 달린 문제다. 전통 마을보다 더 끈끈하게 뭉쳐서 아파트 집값을 걱정하는 부녀회가 있는지를 모르고 하는 소리인 것 같다고 그가 이야기한다.

그러나 다른 것은 차치하더라도, 서울이라는 도시에서 아파트가 단지 형태로 지어진다는 것만은 간과할 수 없는 문제다. 단지라는 말을 영어로는 뭐라고 할까? 레지덴셜 콤플렉스^{Residential Complex} 같은 복잡한 단어를 생각할 수 있지만, 간단하게 '게이티드^{Gated}'라고 한다. 울타리를 치고 문을 걸어 잠갔다는 의미다. 도시의 기본적인 속성인 소통보다는 고립과 단절을 의도한다는 뜻이기도 하다. 사실 단지형 아파트는 60년대 유럽에서 몇 차례 시도했다가 폐기한 아이디어다. 미국에서는 그 사정이 조금 다르다고 할 수 있다. 인종 간, 계층 간 갈등이 남아 있고 범죄와 마약 같은 사회 문제를 안고 있기 때문이다. 동질감을 느낄 수 있는 구성원끼리 단지를 구성하고 외부 세계와 차단함으로써 최소한의 접촉만을 시도하는 것이다. 이 또한 도시가 아닌 교외에서나 가능한 일이다.

문제는 앞으로 20~30년 후의 일이다. 단지형 아파트의 미래는 암울하다. 그동안엔 아파트가 노후했다고 판단되면 재건축을 했다. 어림잡아 이 주기는 보통 20년 정도로, 콘크리트의 수명이 백 년인 점을 감안하면 매우 짧은 수치다. 건축 구조의 안전성 고려라는 측면보다는 다른 요인이 많다. 재건축을 하면서 용적을 늘리고, 이렇게 늘어나는 용적을 판 기존 입주자들은 더 넓은 새집을 갖는다. 5층 높이의 아파트를 15층으로 다시 지어서 늘어난 면적을 판 돈으로 공사도 하고 자신의 평수도 늘리는 구조다. 저밀도 아파트 시절에는 가능했지만 용적을 무제한 늘릴 수는 없는 일이므로, 20년 후의 아파트는 재건축이 불가능하다. 결국 아파트는 리모델링을 통해 또 다른 새로운 집으로 태어나거나, 이것이 여의치 않으면 슬럼화의 길을 걸을 것이다.

리모델링에는 세대별 비용 부담이 필요하다. 물론 거기에는 집값이 상승할 거라는 전제가 있어야 한다. 비용을 지불하고서라도 리모델링 후 높은 경제적 가치를 기대할 수 있을 만큼 주변 아파트 시세가 충분히 비싸야 가능한 일이다. 인구가 줄고 현재의 추세대로 아파트가 지어진다면 리모델링이 이루어질 가능성이 낮다. 뉴타운 사업이라는 것도 생각해보면 서울의 모든 지역을 아파트 집값이 비싼 강남처럼 만들겠다는 무모한 구상이다. 여기에 기존의 공동체, 커뮤니티를 파괴하고 '자연적으로 쾌적한' 거대한 단지를 만들겠다는 것이다.

아파트 단지의 슬럼화는 생각보다 쉽고 빠르게 진행될 것이다. 건축물이 세월과 함께 나이를 먹는 경우가 있기도 하다. 그러나 현재의 아파트가 고색창연한 중후한 건축으로 나이 들기를 기대하는 이는 아무도 없을 것이다. 현재의 공법으로 지어지고 단지 형태로 고립된 아파트는 유지, 관리 비용이 증가할 수밖에 없을 것이다. 시에서 관리하는 공원과 달리, 아파트 단지는 스스로 관리비를 충당해야 하기 때문이다. 주민들이 하나둘씩 떠나게 되면 관리 비용은 더욱 증가하게 되고, 집값이 떨어지기 시작하면 걷잡을 수 없이 슬럼화의 길을 걸을

초기의 아파트는 가로형(위)인 것도 많이 있었지만 한국의 아파트는 대개 단지형(아래)으로 지어진다.

수밖에 없다.

주택공사가 내건 세 가지 설계지침에 '단지형'이라는 조건을 추가한 것을 보면, 서구에서 실패한 전원도시를 이상적으로 생각하고 있는 듯하다. 그러나 우리가 녹지, 녹지, 더 많은 녹지를 외치는 사이에 미국 세인트루이스에서는 한 아파트가 철거되었다. 1972년 3월 16일 오후 3시의 일이었다. 철거된 이 아파트 단지가 바로 훗날 월드 트레이드센터를 설계한 일본계 미국 건축가 미노루 야마사키의 작품 '프루이트 아이고Pruitt - Igoe'다. 오래된 저층 슬럼 지역을 헐어내고 11층 건물 33동을 한국식 아파트로 지은 단지였다. 넉넉한 복도와 각종 편의 시설을 갖추고 '빛나는 전원도시'의 정신을 이어받아 조경에도 공을 들였다. 덕분에 완공 직후에는 최고의 아파트로 뽑혀 상을 받기도 했다. 그러나 얼마 뒤, 도시의 거리에 면해 있던 기존 아파트에 비해 폐쇄적인 단지로 만든 아파트는 새로운 문제에 봉착했다. 주민의 쾌적함과 커뮤니티를 위해 마련한 공간이 밤이면 으슥한 우범지대가 된 것이다. 기존 도시에서 거리가 가지고 있던 감시의 기능이 없어지면서 어쩔 수 없이 유급 경비원을 고용해야 했다. 그러나 서민 아파트였던 프루이트 아이고에서는 이마저도 불가능했다. 아파트 단지는 쇠락의 길을 걷게 되었고, 곧 걷잡을 수 없게 되었다. 연방 정부가 나서서 최초의 건설 비용보다 많은 유지 비용을 지불했지만 이내 감당할 수 없을 지경이 되었고, 결국 지은 지 20년도 되지 않아서 단지 전체를 철거하게 되었다. 쾌적하리라고 예상한 녹지의 부작용이 극적으로 드러나는 순간이었다. 더불어 인간 행태에 대한 섣부른 예단이 얼마나 위험한 것인가를 보여주는 사례로 기록되었다. 건축사가 찰스 젠크스Charles Jencks는 이 아파트가 철거되는 순간을 모더니즘이 사망한 날이라고 선언했다. 그리고 이 사건은 '뉴 어바니즘'이라고 불리는 새로운 도시 운동에 불을 붙였다.

그렇다면 바람직한 아파트의 미래는 어떤 것일까? 마찬가지로 가로수길에서 그 가능성을 엿볼 수 있다. '가로수길에 아파트 즉 주거 기능이 들어온다면'과 같은 상상을 해보는 것이다. 주거는 도시를 24시간 깨어 있게 한다. 물론 아파트 형태라도 서울에서 흔히 볼 수 있는 단지형 아파트는 아니어야 한다. 현재 2~3층으로 되어 있는 가로수길 건물들은 5층 높이가 되더라도 별 문제가 없다. 5층이라고 해 봐야 길의 폭과 주변 건물의 높이가 같아지는 정도이기 때문이다. 가로수길이 남북으로 뻗어 있다는 점은 많은 가능성을 시사한다. 종로, 을지로, 청계천, 퇴계로, 테헤란로, 도산대로 등 주요 간선도로들이 동서로 달리다 보니 거리에 항상 그림자가 질 수밖에 없는 것과는 다르다. 가로수길의 거리는 남향이지만 어느 건물도 남향이 아니다. 즉, 거리는 하루 종일 밝은 빛을 받을 수 있다. 그렇다고 해서 건물에 해가 안 드는 것은 아니다. 상쾌한 아침 햇살과 석양은 여전히 즐길 수 있다. 말하자면 집이 비어 있는 낮 시간 동안 거리에 따스한 햇볕을 양보하는 것이다. 상상해보라. 가로수길에 사는 당신을……. 집 현관을 열고 나서면 밝고 아름다운 거리가 있고 도시의 북적거림이 펼쳐

프루이트 아이고 아파트 단지의 해체 장면. 모더니즘의 종말을 상징하는 장면으로 유명한데, 다가올 한국 아파트의 종말을 보여주는 듯하다.

져 있다. 식당이 있고, 커피숍이 있고, 서점과 빵가게가 있고, 그 모든 가게의 주인과 단골들이 당신의 이웃이자 친구다. 걸어서 출근하거나 지하철역까지 가는 동안, 매일 만나는 얼굴을 만나며 지나치는 당신을 상상해보라. 그 도시의 활기와 생명력을⋯⋯. 그렇게 된다면 가로수길의 아파트는 타워팰리스를 누르고 최고가의 아파트가 될 수 있을 것이다.

모델하우스, 도시를 환각에 빠트려라

한국 아파트의 진정한 매력은 그 재산 가치에 있다.

아파트는 서울 시민들에게 평생의 프로젝트이며

재산 형성의 지름길이다. 게다가 한국의 아파트는 부동산이 아니라

금괴나 채권 같은 동산의 성격을 갖고 있다.

언제 박해를 받아 삶의 터전을 떠나야 할지 모르는

유대인들은 절대로 부동산에 투자하지 않았다.

모은 재산은 금이나 보석으로 바꾸고 작은 여행용 가방 하나면

언제라도 떠날 수 있게 몸집을 가볍게 했다.

자신들의 고향인 이스라엘이 아닌 이상 미련이나 애착 없이

언제라도 뜰 수 있도록 정서적 짐 보따리는

항상 준비되어 있었으므로 부동산은 거치적거리는 재산 형태였다.

유대인들이 세계 어느 곳에서나 금융이나 귀금속 등의 분야에

종사하는 것은 이런 배경에서다.

그러나 한국에 유대인이 살았다면 분명히 아파트에 투자했을 것이다.

한국의 아파트는 동산이나 다름없으니까.

살기 위한 주고 공간이라기보다 언제라도 더 큰 현금으로

바꿀 수 있다는 매력이 오늘날 한국 아파트의 신화를 창조했다.

그리고 현금이 가져다줄 행복을 이미지로 보여준다.

절대로 이뤄질 수 없는 생활양식을 전시하며

눈앞에 달콤한 행복을 선사하는 것이다.

우리가 바라는 것과 바랄 수 없는 것, 그리고 현실이 뒤죽박죽 뒤섞인다.

그 사이 공고해진 신화는 불과 30여 년 만에 대한민국을 바꿔놓았다.

아니, 서울의 얼굴이 되어버렸다.

집 사세요! 내 집 장만의 욕망, 모델하우스

"어머! 저 정원 좀 봐! 이 집에 살고 싶어."

"내부 분위기가 맘에 들어서 꼭 살고 싶어."

이런 이유로 아파트를 구입하는 경우는 거의 없다. 그보다는 단지의 규모나 학군 같은 것이 중요한 고려 사항이다. 취학한 자녀가 없거나 모두 조기유학을 떠났더라도 상황은 마찬가지다.

내가 선호하기보다 시장이 선호하는 것, 내가 좋아하는 분위기보다는 시장이 좋아하는 인테리어를 더 중요하게 여긴다. 다른 사람의 취향에 맞는 아파트를 고른다. 중고차를 고를 때처럼 되팔기 좋은 아파트를 골라야 한다. 따라서 아파트를 살 때에는 '살고 싶은 집'보다는 '집값 오를 집'을 고르게 된다. 타자의 욕망에 충실한 집을 사고, 거기에 자신을 맞추어 살게 되는 것이다.

얼마 전 도배를 새로 하려고 벽지 가게를 찾았다. 벽지를 고르며 가격을 흥정하던 중 놀라운 일이 벌어졌다. 가게 주인에게 아파트 평형과 타입을 말하니 정확한 벽지의 물량을 산출해 가격을 알려준 것이다. 예를 들면, 나는 32평형 C타입에 살고 있다. 내가 사는 집의 구조를 세상 모두가 알고 있는 것이다.

저마다 다른 가족 구성원이나 라이프스타일을 다 무시하고, 몇 개 유형의 아파트 중 하나를 골라 들어갈 수 있다고 누군가 말한다면 아마도 정신 나간 사람이라고 비난받을 것이다. 하지만 이것이 바로 실제로 서울에서 벌어지고 있는 일이다. 더욱 놀라운 일은 새로 분양하는 아파트의 수백, 수천 세대의 집이 같은 재료와 색상으로 내부를 꾸미고 있다는 것이다. 몇 개 유형 중 하나일 뿐 아니라 개인적 취향이 반영되어야 할 벽지마저 같은 공간에서 독창성을 기대할 수 있을까?

이러한 아파트의 교환 가치가 특이한 건축의 형태를 만들었으니 바로 모델하우스다. 모델하우스는 서울에만 있는 건축 형태다. 고급 시계나 가방같이 건축을 전시하고 이를 판매하는 것은 서울에서만 가능한 매우 특이한 현상이다.

모델하우스는 이전부터 있었다. 하지만 건축물이라기보다 아파트가 들어설 부지의 한 모퉁이에 지은 조잡한 입간판 정도였다. 그런데 IMF 직후인 1999년 아파트 분양가가 자율화되면서, 모델하우스는 단순한 형식을 벗어나 주택 판매의 가장 주된 수단으로 자리 잡았다. 외양이나 내부도 화려하고 장대한 것으로 새롭게 태어났다. 이때부터 모델하우스는 적극적으로 도심으로 진출했고, 인근 도시에 밀집 지역을 형성하기도 했다.

모델하우스에 들어서면 근사한 박물관에 온 느낌이다. 대리석으로 된 바닥과 높은 천장의 로비와 샹들리에는 고급 호텔을 능가한다. 깔끔하게 정돈된 내부에 들어가면 톱스타의 밝은 미소가 반긴다. 저들도 이 아파트에 살고 있다며 "살기 좋으니 하나 사세요~"라고 콧소리를 섞어 권하는 것이다. 이렇게 아파트는 재벌회사가 짓고 톱스타가 광고한다. 아파트가 과자나 오렌지주스처럼 상표가 있고 연예인이 광고하는 것도 특이하지만, 바꿔 말하면 그만큼 아파트마다 별 차이가 없다는 이야기이기도 하다.

아파트의 탄생 과정을 살펴보면 그 믿음이 더 굳건해진다. 우선 '시행사'라고 하는 사람들이 적당한 땅을 물색한다. 땅 주인에게 땅을 팔 것을 권하며 시세보다 높은 가격을 쳐주겠다고 약속한다. 시행사는 별다른 자본력은 없으므로 계약금 정도만 건네고 건축 허가를 낼 수 있는 권리를 받는다. 시행사는 설계회사에 의뢰해 그 땅에 지을 수 있는 아파트의 최대 세대수와 면적을 검토한다. 이를 바탕으로 비용과 지출을 따져보고 얼마의 수익을 낼 수 있는지 계산한다. 비용에는 땅값과 공사비, 그들의 이윤, 그리고 금융 비용이 포함된다. 채산성이 있다고 판단되면 재벌 건설사와 접촉해 관심이 있는지 타진한다.

건설사 입장에서는 수백억에 달하는 공사를 수주하고 아파트에 자신의 이름을 붙일 수 있으므로 거절할 이유가 없다. 다만 지급 보증을 하게 된다. 당장 땅값을 대신 치르는 것도 아니고, 말 그대로 지급을 보증하기만 하면 되는 간단한 절차다. 시행사는 건설사와 합심해 건축 허가를 받고 모델하우스를 짓는다. 요란하게 광고해서 손님을 모으고 분양을 마치면 계약금이 들어온다. 계약금으로 땅값을 치르고 공사를 시작한다. 중도금으로 건설사의 공사 대금을 충당하고 시행사의 이윤을 중간 중간 지급한다. 공사가 완료되면 아파트의 새 주인들이 입주하면서 마지막 잔금을 치른다.

땅 주인은 시세보다 좋은 가격에 땅을 처분한다. 건설사는 공사에 더해서 지급 보증을 한 위험의 대가를 챙긴다. 시행사는 창조적인 업무에 대해 충분한 보상을 받는다. 재개발의 경우도 이와 크게 다르지 않다. 땅 주인이 여럿이라는 사실만 다르다. 초기 단계에서 A사 아파트가 될 뻔한 것이 우여곡절 끝에 B사의 로고를 달기도 하기 때문에 사실상 A사와 B사 아파트의 차이는 벽에 칠해진 건설사 상표와 광고모델뿐이다.

이렇게 지어지지 않은 아파트를 미리 판매하는 것을 '선분양'이라고 하며 이를 위해 생겨난 특별한 건축이 모델하우스다. 이 또한 한국만의 특이한 판매 방식이다. 도면을 이해할 수 없는 일반인을 위해 자신이 사게 될 집을 미리 보여주기 위해 생겨난 일종의 시뮬레이션 건축이다.

프랑스의 철학자 장 보드리야르Jean Baudrillard는 현대 사회의 특성을 '시뮬라크르Simulacre'라는 말로 정의했다. 그 예로 디즈니랜드가 실제로는 미국 전체가 디즈니랜드라는 사실을 감추기 위해 존재한다고 말한다. 유럽의 관점에서 보면 무한 생산, 무한 소비로 아우성치는 미국이 놀이동산같이 세속화된 사회이며, 디즈니랜드는 그렇지 않다고 위장하기 위해 만들어낸 일종의 시뮬라크르라는 것이다. 디즈니랜드 는 미국의 속성을 가장 잘 드러내지만 그것을 끊임없이 부정하고 있 는 공간이다.

그렇다면 모델하우스는 분명 일시적이고 탐욕적이며 자본에 의 해 소비되는 독창성 없는 한국의 아파트가 가지고 있는 문제를 위장 하고 끊임없이 부정하는 시뮬라크르다. 그것은 또 멀쩡한 여염집 아 낙을 복부인으로 만들어내는 공간적 장치이며, 상업성이 우아한 문화 강좌와 전시회 형태로 나타나는 배경이 되기도 한다. 또한 건축이 일 종의 소비재처럼 진열되고 포장되고 광고되어 소비되는 한국 특유의 메커니즘을 가동하는 기계이기도 하다.

가짜 건축으로 치부되어 제대로 대접받지는 못하지만, 모델하우 스의 건축적, 도시적 의미는 어떤 형태의 건축보다 풍부하다. 건축은 아니지만 건축이다. 특이하게도 다른 건축을 지시하는 하이퍼 건축이 다. 즉 다른 건축물과 직접적으로 관련을 가지고 있는 특이한 건축이 다. 일종의 가짜 건축이기는 하지만 건축적 태도에 있어서는 그것이 전시하고 있는 아파트에 비할 수 없을 만큼 고급이며 도시적이다. 화 려한 외관, 고급 마감재로 꾸민 다양한 내부 공간은 웬만한 호화 건물 을 능가한다.

모델하우스는 '가설 건축물'로 지어진다. 건축 법규상 정상적인 건물이 아니라는 뜻이다. 모델하우스에 주택 문화관이라는 근사한 이 름을 붙이고 그곳에서 문화 강좌나 영화 상영 같은 것도 하지만, 법규상으로는 가건물이다. 가건물은 여러 가지 면에서 일반 건축물과 다른 법적 제한을 받는다. 단 두 가지 조항은 반드시 지켜야 한다. 조립식이어야 할 것, 즉 콘크리트를 부어 만든 영구 구조물이 아니어야 한다는 것이다. 또한 가건물은 3층 이내여야 한다. 이 두 가지만 충족하면 어떤 형태의 건축도 가능하다. 에스컬레이터나 엘리베이터를 놓을 수도 있으며 주차 대수를 애써 맞추지 않아도 된다. 그 외에 모든 까다로운 건축 법규도 피할 수 있다.

일반적으로 건축물은 대지에 따라 지을 수 있는 규모에 제한을 받는다. 땅 전체를 덮을 수 있는 면적이 대지 크기에 따라 정해지고 (건폐율), 층별 면적을 모두 합친 전체 면적(용적률) 또한 법으로 정해져 있다. 내부 시설도 방화나 화재 시 대피를 고려해서 최소한의 요구를 법으로 정해놓고 있다. 예를 들어 철골 건물이라면 불이 나더라도 두 시간 정도는 무너지지 않고 버틸 수 있도록 불에 타지 않는 재료로 철골을 감싸야 하는데, 가건물은 이 조항을 지키지 않아도 된다. 심지어 건축 허가도 필요하지 않고, 구청도 아닌 동사무소에 신고만 하면 된다. 최근에 잇단 화재로 몇 가지 검토사항이 추가되기는 했지만, 그래도 일반 건물에 비하면 규제가 없는 편이다.

아파트에는 있지만 모델하우스에는 없는 것

모델하우스에 가게 되면 누구나 쭈뼛거리게 된다. 아파트를 사서 투기나 일삼는 사람으로 오해받을까 두렵기도 하고, 그 공간의 당당한 스케일에 주눅이 들어서이기도 하다. 대리석 바닥을 화려한 샹들리에가 비추고 있고 도우미들의 상냥한 미소가 오히려 더 움츠리게 한다. '돈 없으면 들어올 생각도 마세요!' 공간은 폭력적으로 화려하고 친절하다.

그러나 정작 생소하게 만드는 것은 이러한 화려한 공간에서 신발을 벗어야 하는 것이다. 신을 벗어 정리하고 건설회사 로고가 찍힌 슬리퍼를 갈아 신는 동안 무언가 생경하고 부자연스러운 느낌을 받는다. 마치 수영장이나 목욕탕에 정장을 하고 간 듯, 혹은 반대로 정장들 사이에 혼자만 수영복을 입고 있는 듯한 이질감에 주위를 소심하게 둘러보게 만든다.

전통적인 좌식 공간에서 살고 있기는 하지만, 신발을 벗는다는 것은 우리에게 여전히 일종의 의식이다. 그것은 경건함의 표현이거나 매우 사적인 공간으로 들어갈 때만 하는 행위다. 모델하우스처럼 서구적이며 공적이고 더구나 통속적인 공간에 들어서며 신발을 벗는 것은 저절로 공간의 성격에 대한 혼돈을 일으킨다.

이 혼돈과 부자연스러움은 모델하우스를 구경하는 내내 계속된다. 일종의 전시, 판매 시설이지만 그 안을 혼자서 돌아보는 것은 불가능하다. 도우미의 상냥한 안내를 받으며 그들이 계획한 동선에 따라서만 볼 수 있다.

로비는 높고 넓고 밝은 데다 전체적인 색상이나 재료의 마감, 심지어 도우미들의 미소까지 화려하고 세련되었다. 상업 공간의 성격상 모델하우스의 로비는 건설사의 홍보와 신기술 소개 등으로 채워진다.

정작 모델하우스의 가장 큰 고민은 '상품'인 세대 내부를 전시하는 방법이다. 급격한 공간 성격의 변화가 세대 내부를 상대적으로 초라하게 보일 수 있기 때문이다. 우선 층고의 문제가 있다. 모델하우스는 가설 건축물로 지어지기 때문에 층수에 제한이 있을 뿐 한 층의 높이에는 아무런 제한이 없다. 따라서 로비의 높이는 대개 아파트 높이의 두세 배로 지어지는데, 여기에서 문제가 생긴다. 화려하게 꾸민 모델하우스의 로비에서 세대로 들어가게 되면 세대가 훨씬 좁고 낮아보인다. 애써 재현한 세대 내부는 상대적으로 옹색해 보일 위험이 있는 것이다. 로비의 화려함에 따라가기 위해 세대는 불필요하게 장식된다. 가정집이지만 대리석으로 휘감고 무늬목으로 바르며, 흰 벽 한군데 그냥 놔둔 곳이 없어 액자 하나 걸기도 힘들다. 개인의 취향보다는 '유행'이 압도하는 가장 사적인 공간을 전시하고 판매하는 것이다. 아파트 원가는 논란 끝에 자세한 사항이 공개되지 않았지만 전체 원가의 25퍼센트 내외가 내부 장식, 즉 흔히 말하는 인테리어에 할애되고 있는 것으로 추산된다. 모델하우스의 화려한 로비와 경쟁하다 보니 일반 시민들의 주거 공간이 지나치게 화려해지는 '과잉 디자인'의 결과이다.

모델하우스에서 가장 흥미로운 점은 외관이다. 얼핏 보면 자동차 전시장 같기도 하고 우아한 미술관 같기도 하다. 쉽게 생각하면 모델하우스가 아파트 실내를 '실물 그대로' 전시하는 곳이므로 외관 또한 '실물 그대로' 아파트처럼 짓는 게 가장 간단하면서도 정확한 방법일 것이다. 아파트 단지에 조경을 하고, 로비의 엘리베이터 홀을 지나 세대에 이르는 환경을 보여준다면 고객의 이해를 도울 것이다. 그러나 모델하우스에서는 아파트의 외관을 철저히 배제한다. 안 보이는 정도가 아니라 오히려 그 반대의 기호들로 꾸며진다.

그 반대의 기호들이란, 우선 높이에 관한 것이다. 가설 건축물이 3층 이내라는 규정은 흥미로운 결과를 만든다. 3층이기만 하면 한 층의 높이가 얼마가 되든 상관없는 것이다. 한 층의 높이를 최대한 높여 보통 아파트의 한 층 높이보다 두세 배로 올리고, 여기에 판을 덧대 올려 웬만한 건물 5~6층 높이로 올라가는 것은 보통이다. 그래야 광고 효과가 커지기 때문이다. 그러나 실제로 아파트를 지을 땐 한 층의 높이를 최소한으로 낮춘다. 제한된 높이 내에 최대로 많은 세대를 넣어야 건설사에게 이익이 되기 때문이다. 바닥에서 천장까지의 높이는 보통 225센티미터인데, 이는 미국에서 규정하는 실내 공간의 기준에 비해 15센티미터 가량 낮다.

둘째로는 먼저 한 세대를 설계한 다음 그 위에 차곡차곡 쌓아가는 것이다. 세대를 시루떡처럼 층층이 쌓는 것이 건축의 전부다. 15층이면 15세대를 10층이면 10세대를 포개놓은 것으로 설계는 끝이 난다. 옆으로도 마찬가지여서 땅이 허락하는 한 세대를 줄줄이 늘어놓는다. 단위 세대를 설계한다고 하지만, 사실 가장 유행하는 평형별 평면도는 쉽게 구할 수 있고 저작권도 없으므로 설계라는 말이 무색할 정도다.

이에 반해 모델하우스는 층수가 3층으로 정해져 있으므로 최대

모델하우스는 높이에 대해 일종의 콤플렉스를 가지고 있다. 이것은 아파트 천장 높이에 대한 욕망의 표현이다.

한 커다란 입방체로 설계한다. 주위 건물 또는 다른 회사 모델하우스와 경쟁해 눈길을 끌어야 하니, 일단은 생각할 수 있는 가장 멋진 형태로 껍데기부터 만든다. 실제 아파트가 세대 내부부터 시작하는 것과는 정반대인 것이다.

세째 반대의 기호는 외장마감재이다. 한국 아파트의 전형적인 마감재는 수성페인트다. 거푸집을 만들고 철근을 엮은 뒤 콘크리트를 부어 만든 건물에 페인트 칠을 하는 것이 아파트 외장 공사의 전부다. 그 위에 아파트를 지은 회사의 상표를 그려 넣고 동 번호를 표시하면 끝이다.

콘크리트는 로마시대부터 있었던 일종의 인공 암석이다. 로마인들은 화산재에 석회를 더해 물을 부으면 바위처럼 단단한 콘크리트를 만들 수 있다는 것을 알아냈다. 원하는 곳에 원하는 모양으로 돌과 비슷한 강도를 지닌 구조체를 지을 수 있는 획기적인 기술이었다. 덕분에 로마의 건축은 그리스 건축에 비해 그 규모가 비교할 수 없을 정도로 커지고 과감해졌다. 판테온은 콘크리트 기술 없이는 불가능한 구형의 내부 공간을 가지고 있고, 콜로세움은 현대의 경기장과 비교해도 규모 면에서 밀리지 않는다.

19세기 말 현대에 이르러 발명한 것은 콘크리트에 철근을 보강하는 철근 콘크리트다. 로마의 콘크리트는 겉면의 돌을 영구적인 거푸집으로 사용하고 그 안을 채운다. 이에 반해 현대의 철근 콘크리트는 임시로 거푸집을 대고, 그 안에 철근으로 뼈대를 만든 후 콘크리트를 부어 말린 후 거푸집을 떼어내는 것이다. 철근 콘크리트는 훨씬 얇으면서도 강한 벽과 기둥을 만들 수 있는 데다 이후에 이어진 20세기 건축의 미니멀리즘적 경향에도 부합하는 이상적인 재료였다. 이후에 콘크리트에 대한 연구와 발전은 계속되어서 금속을 능가하는 현대적인 건축 재료로 사용하게 되었다.

콘크리트는 건식과 습식의 재료로서의 특성을 모두 가지고 있다. 현장에서 거푸집을 만들고 그 안에 시멘트와 자갈, 물을 섞어서 붓는다는 점을 생각해보면 이는 분명한 습식이다. 물이 필수적이기 때문이다. 이 때문에 물이 얼어서 콘크리트의 양생에 지장을 주는 추운 겨울에는 공사를 중단하기도 한다. 습식의 특성은 더 있다. 거푸집을 짜는 목수의 솜씨에 따라 콘크리트의 질이 달라진다. 콘크리트는 한번 부으면 전체가 일체가 되기 때문에 일부분만 다시 수리하는 일이 불가능하다. 따라서 거푸집의 재료를 고를 때나 만들 때 세심한 주의를 기울여야 한다. 로마의 콘크리트는 밖으로 드러나는 일이 없으므로 문제가 되지 않았다. 그러나 거푸집을 떼어내고 그 상태 그대로를 외관으로 사용하는 오늘날의 노출 콘크리트는 거푸집의 상태가 콘크리트의 품질을 좌우하게 되므로 가구를 짜는 것 이상으로 정교하게 거푸집을 만들어야 한다. 작은 못 자국 하나도 콘크리트의 표면에 그대로 남기 때문이다. 노출 콘크리트를 주로 사용하는 일본의 건축가 안도 다다오의 작품이 비싼 이유다.

콘크리트를 마감재가 아닌 구조체로만 쓴다면 한결 쉬워진다. 품삯이 비싸지 않은 중급 기술자도 쉽게 만들 수 있기 때문이다. 콘크리트 위에 페인트를 칠한다면 마찬가지로 저렴하게 만들 수 있다. 곰보가 되거나 고르지 않은 부분은 흙손으로 땜질을 하고, 그 위를 페인트로 칠하면 근사해 보이는 벽면을 만들 수 있기 때문이다. 아파트 벽면은 대체로 이런 과정을 거쳐서 만든다. 그러나 손으로 부분적으로 수리를 한 곳은 페인트칠을 한 후에도 표시가 나게 마련이다. 보는 각도나 광선에 따라 평탄치 않은 모습이 드러나게 된다. 아파트의 벽면에 일정한 간격으로 홈을 만드는 것은 이러한 습식의 한계를 위장하기 위해서다. 언제나 단순하고 기본적인 형태를 만드는 것이 어려운 법이다.

노출이 아닌 일반적인 콘크리트가 숙련이 덜 된 노동력을 다량으로 필요로 하는 전형적인 로우테크놀로지라면 하이테크 콘크리트도 있다. 콘크리트를 공장에서 미리 만드는 것이다. 건축 현장에서 가장 큰 고민은 기술의 진보에도 불구하고 현장에서는 원시시대의 작업 방식이 계속된다는 점일 것이다. 사람이 일일이 손으로 작업하다 보면 원시시대와 크게 다를 것이 없고, 현대 기술을 활용하는 것도 어려워진다. 다른 점이 있다면 등짐을 지어 나르던 무거운 짐을 크레인이 대신하고, 망치 대신 전동드릴을 사용하는 정도다. 콘크리트를 공장에서 생산하는 것은 여러 가지 이점이 있다. 현장 근로자의 솜씨에 따라 들쭉날쭉해지는 콘크리트의 품질을 균일하게 조정할 수 있고 대량생산으로 인건비를 줄일 수 있다. 무엇보다 대리석처럼 매끈한 표면으로 만들어낼 수도 있다. 콘크리트로 만든 매끈한 전봇대가 그 예이다.

공장에서 표준의 품질로 대량생산된 콘크리트 기둥과 보를 실어 나르는 모습은 선진국의 건설 현장에서는 흔히 볼 수 있다. 더구나 전국에 거의 같은 모양의 아파트가 지어지고 있는 현실에서는 더욱 필요한 일이기도 하다. 그러나 우리나라에서는 대량생산된 콘크리트를 거의 쓰지 않는다. 콘크리트 '조립' 과정에서 생길 방수나 안정성 문제에 막연한 불안을 갖고 있기 때문이다.

현대적 재료와 공법을 최대한 활용하고, 이러한 기술의 적용으로 미적 가치를 갖는 경향을 하이테크 건축이라 부른다. 지하철 역사마다 지어져 이제는 흔하게 볼 수 있는 누드 엘리베이터나 철골 구조를 외부에 드러낸 건물들이 하이테크 건축의 전형적인 예다. 하이테크 건축에서 건물은 기계와 마찬가지로 공장에서 대량생산되고 현장에서 조립된다. 이러한 하이테크 건축마저 습식으로 겉모습만을 따라 지어놓고 대견해하는 한국 건축의 모습을 모델하우스에서 발견할 수 있다. 아파트와 하이테크 건축, 이 양립할 수 없는 모순 관계를 모델하우스는 천연덕스럽게 같이 진열하고 있다.

예를 들면 실제 아파트는 콘크리트에 수성페인트 칠을 하는 데 비해, 모델하우스에는 상상할 수 있는 모든 재료가 동원된다. 돌이나 금속이나 전체를 유리로 만드는 경우도 있다. 다만 조립식이어야 하므로 콘크리트를 제외한 모든 재료를 쓸 수 있다. 어차피 모델하우스는 합판을 이어 덧댄 건물이고, 그 위에 마감재를 붙여 만들기 때문에 어떤 재료로든 흉내 내는 일 정도는 간단히 해낼 수 있다.

높이와 재료의 한계를 벗어나면 표현 또한 무궁무진해진다. 대체로 그것은 각 건설사에서 만들어낸 브랜드에 충실한 이미지로 만들어진다. 성이나 궁전, 빌라의 클래식한 이미지, 첨단 유리벽 같은 형식은 브랜드와 무관하게 빈번하게 사용되는 대표적인 건축적 기호다. 최근에는 유행하는 건축 경향을 담기도 하고 하이테크 건축의 모습을 보이기도 하고, 아직 지어지지도 않은 외국의 건축물이 모델하우스를 통해 먼저 지어지기도 한다. 모델하우스는 길어야 두 달 안에 짓는 것이 보통이기 때문이다. 다양한 테마가 있지만 한결같이 아파트가 가지고 있는 문제를 피하려는 듯 그와 상반된 이미지로만 포장한다.

모델하우스는 우리의 속마음을 드러낸다

정신과 의사였던 프로이트는 꿈을 분석함으로써 환자를 치료했다. 이후 정신분석이라는 의학 분야가 생겨났고, 정신치료의 목적을 넘어서 다양한 문화 현상을 분석하는 도구로도 널리 활용되게 되었다. 프로이트의 업적은 단연 무의식의 세계를 의식의 세계로 끌어올렸다는 것이다. 이 분석 방법에 따르면 소설의 경우, 작가는(정신치료 환자와 마찬가지로) 모든 것을 말하지 않지만 등장인물의 심리를 분석해 작가 자신도 모르고 있던 작가의 진짜 의도를 밝힐 수 있다는 것이다.

프랑스의 정신분석학자 라캉은 여기에서 더 나아가 '무의식은 언어처럼 구조화되어 있다'고 말한다. 정신의 망나니쯤으로 여겨지던 무의식조차 사실은 인과관계가 있는 정교하고 논리적인 시나리오 같다는 것이다. 사회의 제약이나 도덕, 남의 눈치 같은 것 때문에 숨겨져 있지만 무의식은 언제든 정체를 드러낼 수 있다. 그러나 직접적인 방법이 아니라, 은유 또는 환유를 통한다. 흥미로운 것은 이때 특정한 것을 빼버리는 것으로 무의식의 욕망을 드러낸다는 것이다. 예를 들어 아이들은 사탕을 먹고 싶지만 결코 속마음을 이야기하지 않고 칭얼대기만 한다. 이를 '부재의 기호'라고 하는데, 모습을 드러내지 않는 것으로 중요한 역할을 하는 요소를 가리킨다. 이 말은 정신분석뿐 아니라 다양한 문화비평의 영역에서 쓰인다.

욕망은 기본적으로 '결핍' 또는 '부재'와 연관되어 있다. 욕망을 뜻하는 영어 단어 'Desire'는 라틴어 'Sidus(별, 천체)'에서 파생된 'Desiderare(~의 부재를 아쉬워하다)'에서 유래한 것으로 어원적으로 '별에서 떨어져 있다'는 의미다. 따라서 욕망은 우리가 갖지 못하거나 더 이상 갖고 있지 않은 어떤 대상을 갖고 싶어 하는 열망으로 정의될 수 있다. 라캉이 말하는 욕망은 어린아이가 태아 때 어머니와 일체였던 신체가 분리되면서 시작되는 근원적이며 항구적인 것이다.

이제 부재의 기호를 염두에 두고 모델하우스의 진짜 의미, 즉 무의식의 욕망을 분석해보자. 우선 외관 표현에 있어서 모델하우스가 가설 건축물이라는 사실은 중요한 조건이다. 가설 건축물에 대한 법규가 느슨해진 틈으로 무의식과 욕망이 작용하기 때문이다. 앞서 살펴본 것처럼 욕망은 부재의 형식으로 발현한다. 마찬가지로 한국의 아파트에 부재하고 결핍하는 욕망은 모델하우스라는 기호로 바뀌어

나타난다. 따라서 모델하우스는 한국의 아파트가 가지고 있는 문제에 대한 해답을 대부분 가지고 있다. 한국의 아파트가 갖지 못해서 항상 욕망하는 것을 모아 만든 건축인 셈이다.

모델하우스의 높은 천장은 낮은 천장을 가진 아파트의 욕망이고, 반듯한 외관은 들쭉날쭉한 아파트의 욕망이다. 돌이나 철판이나 유리 같은 외관 재료는 수성페인트로 마감된 아파트의 욕망이다. 로우테크 놀로지의 건축인 아파트는 하이테크 건축을 욕망하고, 단지에 우뚝 솟은 아파트는 모델하우스의 도시적 조형을 욕망한다.

앞서 말했듯 모델하우스는 한국에만 있는 건축이다. 그리고 한국의 아파트가 가지고 있는 욕망의 표현이다. 한국의 아파트가 문제라고 말하지만 정작 무엇이 문제인지는 아무도 정확히 말하지 않는다. 그것을 모델하우스가 말하고 있을 뿐이다.

서울이 안고 있는 중요한 문제는 '살고 있는' 도시와

'살고 있다고 생각하는' 도시가 다르다는 것이다.

마주치는 이웃에게 웃으며 인사하는 간단한 일에서부터,

유모차를 밀며 산책하는 젊은 부부의 뒷모습,

거리에서 사랑을 나누는 젊은 연인의 위로 아련하게 켜지는

가로등 같은 광경은 사실 광고에서나 볼 법한 비현실적인 장면이다.

이러한 또 하나의 현실은 실재보다 더 실재같이 소비되고

경험되어서 도시로서의 서울에 확고한 가상의 성을 쌓는다.

팍팍한 현실과는 대조적인 가상의 집단기억은

세련된 드라마와 영화와 현란한 광고 영상을 통해 더욱 견고해진다.

그러나 현실은 이와 전혀 다르다. 거리를 걸으면서도

인도 위를 침범한 차들의 눈치를 봐야 한다.

엘리베이터에서 상냥한 눈인사 대신 험악한 얼굴을 하거나,

기껏해야 무표정으로 서로를 대한다.

이중의 현실, 가상과 실재 사이에서는 필연적으로
괴리가 생기게 마련이다. 그것은 보드리야르 식으로 말하자면
시뮬라크르다. 즉 실재보다 더 실재 같은 가상의 이미지로
만들어진 번듯한 세계. 이 실재와 실재였으면 하는
가상의 공간 사이 간극이 바로 서울을 도시에서 멀게 만드는 힘이다.
이 힘은 현실의 서울을 가상의 서울에 가깝도록 개선하려 하지 않고
외면하게 만든다. 문제가 발생할 때마다 일반적인 도시의
어쩔 수 없는 문제로 간주하고 더 많은 녹지 환경과
여유를 외치는 사이, 서울은 도시에서 점점 멀어져간다.
서울에서 생겨나는 도시 문제라는 것은 도시 자체의 문제라기보다는
서울이 진정한 도시가 아니어서 생겨나는 문제가 더 크다.

밤이 되면 서울에는 빛이 소곤거린다

5년 전 일이었다. 고속버스터미널에서 올라탄 버스에는 열댓 명의 외국인들로 가득 차 있었다. 머리가 짧고 앳돼 보이는 것이 외박 나온 미군들인 듯했다. 왁자지껄한 설렘이 앞자리의 내게까지 전해졌다. 버스가 강남대로에 들어서서 언덕 위로 오르자 탄성이 터져나왔다. 온갖 영어로 된 형용사들이 앞을 다투며 튀어나와서, 버스 안은 순식간에 수학여행 떠나는 관광버스처럼 소란해졌다. 신문에서 눈을 떼고 창밖을 보니 과연 놀라운 장면이 펼쳐지고 있었다.

널찍한 대로를 따라 휘황찬란한 불빛이 번쩍거리고 있었다. 건물 창을 빠져나온 제법 은은한 불빛을 배경으로 네온사인이 말 그대로 작렬하고 있었다. 하지만 정작 그들이 경탄한 까닭은 곳곳에 솟아 오른 대형 스크린 때문이었다. 빠르게 빛을 바꾸며 이미지를 만들어내는 스크린은 흡사 미래영화의 한 장면 같았다. 자동차만 날아오른다면 〈블레이드 러너〉 속 도시가 펼쳐졌을 것이다. 도쿄의 신주쿠, 홍콩의 센트럴에서도 이런 모습을 본 것 같았다. 어째서 영화 속 미래도시는 항상 동양을 배경으로 하는지 그제야 알 듯했다.

그들 중 몇몇은 아직도 서울을 먼지 풀풀 나는 길에 소달구지가 다니는 곳으로 상상하고 있었을 것이다. 그만 한 크기의 옥외 스크린을 본 적도 없었을 것이며, 더구나 저렇게 많이 모여서 빛을 내고 있는 광경을 난생처음 마주했을지도 모른다. 생각이 여기까지 미치자 왠지 통쾌하기도 하고 우쭐해지기도 했다.

어린 미군들의 설렘 속에 버스는 계속해서 그 빛의 잔치 속으로 빨려 들어가고 있었다. 환호는 계속되고 밤은 깊어갔다. 한 어린 미군이 엄지를 치켜들며 눈으로 말한다. "한국 최고, 서울 최고……."

아! 서울은 진정 빛의 도시였다.

야경은 20세기의 선물이다. 전기가 발명되고 밤을 대낮처럼 밝힐 수 있게 되면서 생겨난 새로운 풍경이다. 사치와 호사로 평생을 보냈던 로마의 황제도 중세의 교황도 근세의 나폴레옹도 보지 못했던 현대적 풍경이다. 미항공우주국NASA이 발표한 지구의 전체 야경을 보면 현대 전기 조명의 위력이 확실히 드러난다. 국민소득, 도시화에 따라 불빛이 반짝이는 면적의 차이가 심하니 가히 '문명의 지도'라 부를 만하다. 선진국, 문명국은 불이라도 붙은 듯 환한데, 아프리카대륙은 어두워서 바다와 구분이 어려울 정도다. 북한 역시 어둠뿐이어서 우리나라는 섬처럼 외롭게 빛나고 있다.

그러나 무엇이든 지나치면 모자라니만 못한 법. 현대 도시의 전기 조명은 많은 부작용을 낳기도 한다. 동물들의 생태계가 교란되기

광화문은 밤이 되면 비로소 주인공처럼 빛난다. 야경도 도시의 중요한 자산이며 이를 디자인할 수 있다는 믿음이 만들어 낸 성과이다.

도 하고, 사람에게는 수면장애가 오기도 한다. 우리 정부도 광공해^{光公}의 개념을 받아들여 이를 중요한 환경문제로 인식하기 시작했다. 조도를 조정하고 조명 시간에도 제한을 두는 법령을 준비 중에 있다. 그리고 이와는 다른 차원의 접근이지만, 서울 광화문 주변의 조도를 낮추는 것이 '디자인'의 일환으로 추진되었다. 여기에 역사적인 건물에만 경관 조명을 더해서 밤이면 광화문이 무대 위의 주인공처럼 빛난다. 야경도 도시의 중요한 자산이며 이 또한 '디자인'할 수 있다는 믿음이 성과를 낸 것이다.

연말이면 광화문 세종문화회관 앞, 시청광장 그리고 청계천에 루미나리에^{Luminarie}라는 이름의 빛의 축제가 열렸다. 빛의 놀이는 중세 때부터 있었으며, 이를 축제로 만들어낸 것이 '루미나리에'다. 르네상스가 절정을 이뤘던 16세기 나폴리에서 왕비의 행차를 맞이하기 위해 장식하면서 시작했다고 한다. 이후 빛이 만들어내는 정서적 분위기를 더해 성인을 기리는 종교의식으로 발전했다. 유럽의 긴 겨울밤을 보내는 왕비의 호사라고는 하나, 기껏해야 촛불과 횃불을 든 정도였을 것이다. 당시의 '루미나리에'가 현대의 전기 조명을 따를 수는 없었을 것이다. '루미나리에' 행사는 일본 고베가 유명하다. 1995년 고베 대지진 후 일본 정부는 시민들에게 용기와 희망을 주기 위해 '빛의 잔치'를 열고 이를 '루미나리에'라고 이름 붙였다. 참혹하게 파괴된 도시를 기억하고, 재앙으로 이재민이 된 시민들을 위로하는 것이 행사의 취지였다. 이 '루미나리에'가 2004년 서울로 왔다. 그 후 '루미나리에'라는 이름은 일본 사람들이 먼저 상표 등록을 해 쓸 수 없다고 해서, 2007년부터는 '빛의 풍경'이라는 뜻의 이탈리아어 '루체비스타 Lucevista'를 사용하고 있다.

루체비스타 앞에선 모두가 행복해지리라

어느 추운 겨울밤에 따뜻한 아랫목과 TV의 유혹을 물리치고 루체비스타를 구경하러 나섰다. 빛도 추위에 얼어붙어서 제 빛깔을 내지 못할 거라는 말도 안 되는 핑계를 대며 미루고 미루다 마침내 나선 것이다.

'루체비스타'는 건축의 관점에서 매우 흥미로운 대상이었다. 그것은 빛으로 만든 건축이며 공간이지만, 건축이 아니며 공간도 아니다. 루체비스타 구경은 환상적이었다. 출퇴근 때마다 마주치는 낯익은 광장이었지만, 날이 어두워지고 빛들이 만발하면 서울은 탈바꿈되었다. 중세의 고성이 시청광장에 나타나고, 르네상스 풍 성당이 청계천 입구에 불쑥 나타났다. 장식이 가득한 아치가 있는 고전적인 건물이 생겨나고, 빛의 터널이 추운 연말의 도시를 밝혔다.

밤에만 생겨나는 이 거리에 그야말로 사람의 파도가 출렁거렸다. 팔짱을 낀 연인이 가장 많았고 털옷으로 중무장한 아이를 데려나온 가족, 친구들끼리도 루체비스타를 걸었다. 다만, 루체비스타를 즐기는 방법은 같았다. 사진 찍기.

빛나는 조그만 전구를 이어 만든, 건물 아닌 건물을 배경으로 사진을 찍으니 어느 유럽 도시의 연말 분위기가 물씬 느껴졌다. 사본이 원본을 압도할 때도 있는 것이다. 유럽으로 여행 간 친구의 사진보다 훨씬 더 근사한 유럽 거리의 사진을 서울에서 얻을 수 있었다. 물론 미니홈피나 블로그에 이 사진을 올리는 것을 잊지 않는다.

정작 문제는 다시 해가 떴을 때다. 호박으로 변한 신데렐라의 마차처럼, 앙상한 프레임과 거기에 주렁주렁 매달린 전구는, 간밤의 화려함이 꿈이었음을 말해준다. 다시 시청광장에는 칼바람이 불지만 따뜻한 빛을 내는 진짜 건물은 저만치 떨어져서 바람막이가 되지 못한다. 영문을 모르고 갑자기 나타난 철 구조물과 거기에 매달린 빛 잃은 전구에 눈을 흘기며 추운 거리를 바삐 지나칠 뿐이다.

서울의 '루체비스타'가 모방하려 했던 것은 어느 서양 도시의 연말 풍경이었다. 어느 도시나 연말 분위기를 만끽할 수 있는 대표적인 거리를 하나씩 가지고 있다. 파리의 샹젤리제, 뉴욕의 5번가, 런던의 리젠트 거리에서는 연말이면 화려한 빛의 축제가 벌어진다. 유럽의 도시들은 말할 것도 없고, 자동차의 나라 미국의 작은 도시들도 '메인 스트리트'라 불리는 거리에 불을 밝히며 도시의 낭만을 만든다. 이곳들은 대부분 시에서 지정하거나 예산을 들여 꾸미는 것이 아니라 자발적으로 만들어진 일상의 거리들이다.

도로의 폭이 적당해서 차선을 가로지르는 장식이 걸리기도 하고, 거리의 양편에 늘어선 쇼윈도에 솜으로 만든 가짜 눈이 소복하게 쌓여 있다. 거기에 반쯤 묻힌 전구가 반짝인다. 구세군 냄비가 등장하고 연말의 두둑한 인심을 이용해 특수를 누리려는 악사와 걸인도 있다. 거리는 연말의 마음 급한 쇼핑을 해결해줄 뿐 아니라 기꺼이 분위기 있는 사진의 배경도 되어준다. 크리스마스를 뜻깊게 보내려는 기독교인이 아니더라도 누구나 연말에는 기분이 들뜨고 떠들썩하게 보내고 싶어 한다. 명절의 열기로 추운 겨울을 견뎌보라는 선인들의 배려가 새삼 감사하다.

서울의 '루체비스타'는 빛으로 된 3차원의 신기루다. 잠시나마 현실을 던져버리고 빛으로 가득 찬 도시를 느끼며 걸을 수 있게끔 해주기 때문이다. 그러나 실제 건물이 아닌 것들이 건물처럼 보이고 거리처럼 느끼게 하는 빛의 즐거운 환영은 역설적으로 서울에 이를 대신할 만한 진짜 거리가 없음을 반증한다.

루체비스타는 영화 〈매트릭스〉와 닮았다. 지난 세기말을 뒤흔들었던 워쇼스키 형제의 이 영화는 가상 현실에 대해 적절한 질문을 던진다. 영화는 컴퓨터가 발전을 거듭해 진짜보다 더 진짜 같은 이미지를 만들다 보니 어떤 것이 현실이고 어떤 것이 가상인지 구분할 수 없는 현실에 대해 이야기한다. 마치 장자의 '호접몽'처럼, 꿈의 주체가 장자인지 나비인지 알 수 없는 것이다. '당신이 살고 있다고 믿는 현실이 진실이 아닐지도 모른다.'

〈매트릭스〉는 두 개의 현실, 즉, 실재의 현실과 가상의 현실을 살아가는 주인공이 바로 우리일지도 모른다고 현란한 화면을 통해 나직이 속삭인다.

영화는 2백 년 후의 지구를 배경으로 한다. 2199년, 인공지능을 가진 기계가 독립을 요구하고 마침내 인간과의 전쟁을 벌인다. 전쟁 중 인간들은 기계의 에너지를 차단하기 위해 지구에 태양빛을 차단하는 폭탄을 투하하고, 지구는 암흑의 세상이 된다. 그러나 전쟁에서 승리한 기계들은 인간을 가축처럼 사육해서 에너지원으로 삼는 대신 인간에게는 1999년의 가상 현실을 주입하고 그 안에서 살아가게 한다.

영화에서 주인공인 네오는 평범한 삶을 살고 있다. 다른 모든 인간들과 마찬가지로 매트릭스를 자각하지 못하고 가상의 현실, 가상의 도시에서 불편 없이 살고 있었다. 즉 그는 꿈을 꾸고 있는 것이다. 지하 깊숙한 곳에는 이 매트릭스를 깨뜨리려는 반란군이 있다. 네오를 메시아로 점지한 반란군 지도자가 네오에게 나타나 알약 두 개를 내밀며 묻는다. 진실을 원한다면 빨간색을, 단순히 이전과 같은 평화로운 삶을 원한다면 파란 알약을 삼키라고 권한다. 네오가 빨간 약을 택하자 모피우스가 말한다.

"네오! 기억하시오. 내가 줄 수 있는 것은 진실뿐이오."

이후 빨간 약은 환영에 빠진 인간들을 일깨워 진실을 알리는 상징이 된다.

'루체비스타'가 만든 가상 도시 서울은 시사하는 바가 크다. 고베가 루미나리에를 만든 건 지진으로 파괴된 도시의 시민을 위로하기 위해서라지만, 서울은 지난 60년간 멀쩡했다. 빨간 약이 네오를 가상의 현실에서 일깨웠다면, 루체비스타는 파란 약이다. 루체비스타는 서울에 거리가 없음을 위장하는 매트릭스다. 인파와 훈훈한 연말 분위기로 차가운 겨울을 녹일 수 있는 거리가 없다는 사실을 감추는 환각 장치다. 현실에서는 거리의 시민들이 인도도 없는 길을 걷거나, 자동차가 비집고 올라와 있는 인도를 걸어야 한다. 그러나 시민들에게 광장으로 나와서 도시의 삶이 '빛의 축제'와 비슷하니 경험해보라고 권한다. 루체비스타는 말한다. 파란 약을 삼키라고. 이전과 같은 평화로운 삶이 계속될 거라고. 당신은 도시에 살고 있고, 그 도시는 아름답다고 속삭인다. "아.름.다.운. 도.시.서.울."

나의 달콤한 도시, 서울

이호철이 풍속소설 《서울은 만원이다》를 발표한 1967년, 당시 서울의 인구는 380만 명이었다. 40년이 지나 인구가 세 배쯤 늘어난 2007년, 정이현은 《달콤한 나의 도시》라는 소설에서 도시 생활의 외로움을 '달콤함'에 빗대어 이야기한다. 차도남(차가운 도시의 남자) 같은 신조어만 봐도 서울의 이미지가 부정적인 것 일색에서 긍정적인 것으로, 나아가서는 세련되고 달콤한 것으로 변모했음을 알 수 있다. 그사이에 무슨 일이 벌어진 것일까? 한 세대가 지나는 동안, 서울은 정말 비좁고 불결한 전근대적 도시에서 과연 달콤한 현대 도시로 탈

바꿈한 것일까? 그런데 카메라 셔터만 누르면 엽서의 한 장면이 연출되는 유럽의 도시와 달리 서울은 어째서 항상 공사 중일까? 왜 나의 도시 생활은 항상 지치고 피곤하기만 한 걸까?

일상의 거리에서 이루어져야 할 연말의 아름다운 풍경들이, '루체비스타' 같은 이벤트로 만들어진다. 그 이벤트들이 모여서 하나의 견고한 도시의 이미지를 만들어낸다. 물론 그 이미지는 우리가 '살고 있다고 생각하는' 도시를 만들어낸다. 즉, 우리의 서울은 실제로 '살고 있는 도시'와는 다르게, 시민들에게 주입시킨 이미지만이 빛나는 '매트릭스 도시'로 진행되고 있다. 현재 살고 있는 물리적 장소로서의 도시에 더해서 '살고 있다고 생각하는' 가상 도시로 분열되어 있다.

가상의 서울은 루체비스타와 같은 이미지로 만들어진다. 조명래 교수는 계획가나 정책결정가 같은 테크노크라트Technocrat 집단이 기본적인 도시의 본질이나 생성 과정을 외면한 채 이런 이미지의 서울을 만들어 유포하고 있다고 지적한다.

서울 대도시는 나날이 그 외양적 현란함과 풍요함을 더해가고 있다. 도시의 건축물, 공공시설, 거리의 볼거리, 소비 패턴, 도시민들의 정서 등의 면에서 서울은 이제 현대성을 넘어 탈현대성의 증후까지 보이고 있다. 서울의 이 같은 도시성은 '6백 년 정도'의 역사적 의미에 의해 그 수직적인 깊이가 더해짐과 아울러 '21세기 서울의 청사진'들에 의해 미래적 시간 지평으로 무한히 뻗어나가는 듯하다. 서울은 풍요로울 뿐이고, 서울은 아름다울 뿐이며, 서울은 세계로 향해 무한히 나갈 뿐이라는 것이 근자에 퍼지고 있는 서울의 이미지인 것이다.

_조명래, 《현대사회의 도시론》, 한울아카데미, 2002, 363쪽

이러한 이미지는 영화와 드라마를 통해서도 대량생산된다. 영화와 드라마에 등장하는 서울은 여유와 낭만이 살아 숨 쉬는 도시다. 어린아이부터 노인까지 모든 연령대가 즐기는 도시의 풍경을 그리는 드라마가 있고, 서울을 배경으로 연애의 시작과 끝을 보여주는 영화가 있다. 그러나 화면 어디에도 장벽처럼 드리워진 아파트는 보이지 않는다. 거리는 서구의 여느 도시와 다를 바 없이 분위기 있고, 방음벽 대신 가로수가 촘촘하다.

광고는 아예 현실성을 포기한다. 도시가 배경으로 등장하는 광고는 아예 외국 도시에서 촬영한다. 낯모르는 이웃과 어깨동무하고 맥주를 마시고, 주부는 천장이 높은 아파트에서 우아한 음악을 들으며 커피를 마신다. 광고에서, 드라마에서 영화와 뮤직비디오에서, 서울은 아름답고 인간적이며 때로는 차갑기까지 한 도시의 전형을 보여준다. 이미지들에 의해 생겨난 가상 현실 속 도시는 실재보다 더 실재같이 소비되고 경험되어서 도시로서의 서울에 대해 확고한 가상의 성을 쌓는다. 팍팍한 현실과는 대조적인 가상의 집단기억이 생겨나는 것이다. '가상의 서울' 이미지는 세련된 뮤직비디오와 현란한 패션 화보를 통해 더욱 단단해진다.

실재와 상상 속의 서울. 이 두 개의 도시가 동시에 맞물려 살아가는 이 땅에서 루체비스타와 그 이미지의 촘촘한 망, 매트릭스가 시사하는 바는 자못 크다. 가상의 달콤함에 빠져 있는 사이, 서울은 더욱 걷기 어려워지고 점점 도시에서 멀어진다. 현실과 가상이 분리되어 있을 때 틈이 발생한다. 이 틈을 해소하는 것이 '욕망'이다. 그러나 서울의 욕망은 가상의 차원, 가상의 도시에서만 작동한다. 현실의 서울을 이미지의 서울에 가깝도록 개선해나가기보다는 문제가 발생할 때마다 일반적인 도시의 문제로 뭉뚱그려 생각하고, 일반적인 도시의 문제로 바꾸어 생각한다. 서울에서 도시의 문제는 두 가지 층위에 존재하는 이중적 성격을 갖는다. 첫째로 도시에 대한 부정적 선입견을 들 수 있다. 영국의 도시학자 존 리더John Reader는 "오래전부터 사람들은 인류의 잘못을 지적할 때 도시를 비난하는 경향이 있다"고 말하며 이는 성경에 묘사된 바빌론까지 거슬러 올라간다고 도시의 억울함을 대신 하소연한다.

도시는 사람들의 필요에 의해 생겨난 장소이며 공간이다. 즉, 문제라기보다는 해결책으로서 생겨났다. 그에 따른 부작용이 있기는 하지만, 이는 매우 사소하거나 도시의 속성 그 자체인 것이 많다. 예를 들어, 사람들은 도시가 번잡하다고 비난하지만, 전원의 한적함이 아닌 높은 인구밀도와 분주함이 주는 기회 때문에 선택한 공간이 도시인 것이다. 또 도시는 교통 체증과 공해가 심하다고 불평한다면 사람의 공간이며 걷는 공간인 도시를 차가 다니기 좋아야 한다는 잘못된 인식과 정책이 낳은 결과라고 말할 수 있다. 도시의 문제로 거론되는 빈민과 주택 부족 현상에 대해서도 미국의 도시학자 에드워드 글레저 Edward Glaeser는 "도시가 가난을 유발하는 것이 아니라, 가난한 사람들이 도시로 몰려오는 것이다"라고 말한다. 도시에서 얻을 수 있는 경제적인 기회가 사람들을 유인하는 것이지 도시가 빈민을 만들어내는 것은 아니라는 것이다.

이렇듯 도시에 대한 오해는 전 세계적으로 보편화되어 있다. 그보다 심각한 오해는 서울이 다른 나라 대도시의 문제를 똑같이 갖고 있다고 믿는다는 것이다. 물론 막연한 생각이다. 런던, 파리, 뉴욕처럼 도시 구조가 백여 년 전에 결정되고 유지돼온 도시들의 문제가 서울과 같을 수는 없다. 지난 백 년간 인류의 생활양식은 큰 변화를 겪었고, 도시는 전기, 자동차, 휴대전화, 인터넷 등의 새로운 기술과 통신, 운송 수단에 따른 변화를 성공적으로 수용했다. 그만큼 도시는 탄력적이고 유기체적인 생명력을 가지고 있다. 사람들이 지적하는 도시의 문제는 대체로 이러한 현대 기술의 진보 이전의 생활에 맞게 계획되어 있어 보완이 필요하거나, 지나치게 높은 밀도 때문에 생겨나는 것이 많다. 걸어도 걸어도 건물 숲의 끝이 보이지 않는 맨해튼의 녹지와 도시 어느 곳에서도 산을 볼 수 있는 서울의 녹지는 그 의미가 같을 수 없다. 이미 서울의 녹지율, 공원 면적 비율은 세계 최고 수준이다. 파리나 도쿄보다 훨씬 많고 공원의 도시라고 하는 런던에 비해서도 두 배 이상의 녹지가 있다.

그 녹지는 주위가 산에 둘러싸여 있고, 서구의 공원과는 달리 비탈져 있긴 하지만, 녹지임에는 분명하다. 덕분에 시내 어디에서나 산이 보이는 천혜의 조건을 가지고 있다. 그러나 도심에 미군 시설이 반환되거나 학교가 없어지거나 자본의 침식이 미치지 않는 공터가 생길 때마다 공원으로 만들어야 한다는 의견이 나온다. 이러한 의견은 아파트나 상가를 짓자고 주장하는 것보다 훨씬 더 품위 있어 보이며, 자연이데올로기와도 부합하므로 별다른 이견 없이 수용된다. 다음 선거를 의식하는 시장이나 구청장이나 의회 의원들이 공원 만들기라는 공약을 내걸면 제법 품위 있으며 착해 보이기까지 한다.

그렇게 도심의 금싸라기 땅은 공원으로 변하는데, 그 공원은 대부분 쓰임새 없는 공터에 지나지 않다. 을지로 5가의 훈련원공원이 좋은 예다. 농협, 헌법재판소로 쓰이던 건물을 헐어내고 조성한 이곳은 도심의 숨통을 틀 것만 같았지만, 공터에 화초나 나무가 심어져 있을 뿐 한산하게 방치되고 있다. 의도는 사람들이 모여서 햇볕을 쬐며 간단히 점심을 먹고 휴식하고 소통하는 도시적 분위기를 염두에 두었던 것 같다. 그러나 그런 장면은 영화에나 나오는 꿈이 되고 말았다. 오히려 거리와 건물이 불러들인 사람들의 발길을 끊게 하고, 도시적 흐름과 연속성만 흐트러뜨리고 말았다. 백 개의 상점은 수시로 사람들을 이끌고 걷게 하는 천 개의 매력을 가졌지만 공원은 밝을 때만, 그나마 쉬거나 운동을 할 수 있다는 등의 몇 가지 이유로밖에 사람을 끌어들이지 못한다. 그리하여 이미지로서는 쾌적하지만, 걷기에는 다소 부담스럽고 지루한 길이 되고 만다. 게다가 쾌적한 공원의 자연은 밤이면 우범지대로 돌변하기도 한다. 녹지는 '쾌적함'이 관념적으로만 대표되는 일종의 구호 같은 것이며, 도시와는 무관해서 사람을 도시로부터 몰아내고 있을 뿐이다.

그 밖에도 예는 더 있다. 거리를 걷고 싶은 거리로 만들겠다고 선언하고, 예산을 들여 노력해보지만 거리는 여전히 한산하다. 보도블록을 교체하고, 길을 비틀어보기도 하고, 나무 종류를 바꿔보기도 하지만 효과는 없다. 심지어 외국의 조경 전문가에게 디자인을 맡겨보기도 한다. 그러다 보면 거리는 일상의 거리가 되기에는 적절하지 않고, 일부러 찾아가서 산책이나 운동을 하는 공간이 되고 만다. 모든 자동차를 지하에 넣은 다음, 공원처럼 꾸민 아파트를 짓는다. 사람들은 아파트 지하에서 자동차를 타고 대형 마트에서 장 보는 생활 패턴을 도시적인 삶으로 오해한다. 도시에서는 거의 불가능한 전원적인 쾌적함에 사로잡혀 방음벽을 높이 세우고 스스로 도시와 분리된다. 무늬만 세련된 습식의 로우테크 건축을 지어놓고는 선진국의 우수한 건물과 다를 바 없다며 스스로 대견해한다. 그러고는 20년이 되기를 기다려 다시 부수고 짓기를 반복한다.

이 모든 이야기가 잘 이해되지 않는다면, 이런 질문을 하고 싶다. 당신은 이 서울이라는 도시에서 영원히 살고 싶은가? 혹시, 서울을 언젠가는 떠나야 하는 타인의 공간, 타향으로 생각하고 있는 것은 아닌가?

매트릭스에서의 도시, 즉 이미지로서의 도시는 선망의 대상이다. 하지만 현실에서의 도시는 언젠가 떠나고 싶은 일시적 장소로 표상되는 양가적 성격을 지닌다. 이러한 이중적이며 분열적 태도가 서울을 망치고 있다. 서울에 문제가 있다면, 그것은 도시여서가 아니라 도시가 아니기 때문에 생긴 것이다. 서울이 도시가 아니라는 말이 불쾌하다면 이는 시골을 모욕하는 것이다. 서울이 반드시 도시일 필요는 없지 않은가. 더구나 도시가 시골보다 우월하다는 아무런 증거도 없다. 도시는 도시대로, 시골은 시골대로 살 만한 것이다. 다만 삶의 방식이 다를 뿐이다.

세상에는 도시와 시골 같은 이분법으로 나눌 수 없는 다른 삶의 형태가 존재하기도 한다. 예를 들면 로스앤젤레스는 도시가 아니지만, 그렇다고 전형적인 시골도 아니다. 미국인들은 동부의 연안에서 시작해서 자연과 인디언을 거스르며 대륙을 개척했다. 마침내 서부의 해안에 도달하여 만들어낸 매우 특이한 '미국식 도시'이자 '커다란 시골'이 로스앤젤레스다. 실제로 우리가 알고 있는 디즈니랜드가 있는 로스앤젤레스는 대부분이 실제 행정구역상으로는 오렌지카운티이며 이는 우리 기준으로 보면 군^郡에 해당하는 것이다. 모든 생활이 자동차 중심으로 이루어지는 전형적인 서브 어반의 형태다. 한적한 전원주택에 살면서 자동차를 타고 출퇴근하며, 자동차로 쇼핑몰에 가서 시간을 보내며 자동차를 타고 고속도로 위에서 연애한다. 거리라는 것은 없고 인도가 없는 길, 즉 고속도로로 이어진 거대한 시골이다. 로스앤젤레스는 아메리칸 드림이 도시적으로 실현된 예이기는 하지만 범죄율이 뉴욕이나 시카고 같은 전통적인 도시에 비해 서너 배나

뉴욕의 두 가지 모습. 도시는 사람들의 필요로 인해 생겨난 공간으로 도시만의 삶의 방식과 형태가 존재한다

높다.

서울이 지향하는 삶의 형태가 로스앤젤레스는 아니다. 태생이 판이하게 다르며 역사와 문화적 배경도 다르다. 물론 지향하는 바도 아니며 가능하지도 않다. 서울의 외형이나 지표, 추구하는 바는 도시를 향하고 있지만 해결책이나 삶의 방식은 도시를 벗어나 세상에 존재하지 않는 일종의 '이상향'으로 향하는 모순이 계속된다면, 그 이상향은 기껏해야 로스앤젤레스 같은 도시에 가까워질 것이다.

'디자인 서울'은 어떻게 쾌적한 도시, 살고 싶은 도시를 만들고 있을까?

'디자인 서울'은 오세훈 시장이 취임과 함께 디자인 본부를 설치하며 시작되었다. 파리의 미테랑 그랜드 프로젝트Mitterrand Grand Projects를 연상시키는 야심찬 기획이기는 하지만, 접근 방법이 도시의 문제에 정면으로 다가서기보다는 2차원적 디자인으로 문제를 위장하려 한다는 점에서 루체비스타와 크게 다르지 않다. 1980년대 파리에서 행해진 일련의 공공 프로젝트는 파리가 현대 도시로 다시 한 번 도약하는 계기가 되었다. 루브르박물관, 바스티유 오페라하우스, 라 데팡스, 오르세박물관으로 이어지는 프로젝트는 당시 대통령의 이름을 따서 '미테랑 그랜드 프로젝트'라 불린다. 오스망 시장에 의해 계획된 파리는 백 년이 지나는 동안 별다른 변화 없이 유지되었다. 2차 대전 이후에 교외 지역에 현대식 아파트가 지어지기는 했지만 도심은 여전히 불바르와 라임스톤의 낮은 건물들이 주를 이루고 있었다. 그러나 그간의 현대 도시는 새로운 기능과 공간을 필요로 했고 지역에 따라 쇠퇴가 이루어지기도 했다. 궁전이었던 건물들을 이어 붙인 루브르박물관을 현대식으로 개조하고 정원에 입구를 설치했다. 폐쇄된 기차역이었던 오르세박물관은 19세기 예술을 전문으로 하는 미술관으로 탈바꿈했고 지역 전체가 다시 활기를 찾게 되었다.

신고전주의 풍의 도시에 현대적인 디자인을 과감하게 적용하였고, 사람들은 다시 한 번 '세계의 수도' 지위를 되찾으려는 우아한 몸짓으로 받아들였다. 국적을 가리지 않고 여러 나라의 참신한 건축가를 기용했고, 젊은 프랑스 건축가들 또한 이 프로젝트를 통해 세계적인 건축가의 반열에 오르기도 했다.

무엇보다도 미테랑 그랜드 프로젝트의 성과는 건축을 통해 도시를 활기 있게 한 시도로 평가받는다. 침체된 지역에 새로운 건축을 과감하게 도입해서 전체 도시의 유서 깊은 분위기를 해치지 않으면서 사람들을 끌어모으는 데 성공했기 때문이다. 이는 마치 동양의학의 침술이 기존의 조직을 유지하며 최소한의 개입으로 문제를 치유하는 것에 비유되곤 한다.

루브르박물관은 입장권을 사려는 관람객의 줄이 건물 전체를 뱀처럼 휘감고 있다. 오르세미술관 근처는 사람들이 몰리고, 이에 따라 오른 임대료 때문에 기존의 빵집이 쫓겨나고 고급 브랜드 매장이 즐비하게 들어섰다는 뉴스 보도가 있을 정도다.

'디자인 서울' 프로젝트도 성과가 상당하여서 도시환경을 개선하는 데 기여를 했다. 서울시에서 시행하는 사업에 디자인 지침을 만들었고 연간 10만 개에 달하는 현수막을 정비했다. 그중 절반가량은 관공서에서 내건 것이라고 한다. 덕분에 '간첩 신고' 같은 당연한 구호를 걸고 시청광장에 항상 서 있던 아치가 철거됐다. 신문 판매대와 구두 수선 부스를 새롭게 디자인했고, 스물다섯 개의 '걷고 싶은 거리'를 조성했으며, 공사장의 가림막도 개선했고 보도블록의 어지러운 패턴을 단순하게 바꾸었다.

무엇보다도 '디자인 서울'의 성과는 디자인을 통해 생활 공간을 정비하는 것이 '삶의 질'의 문제일 뿐 아니라 경제적으로도 기여하고 그 혜택이 시민에게 돌아온다는 의식을 또렷하게 새긴 것이라고 할 수 있다. '디자인'이나 '경관' 같은 생각이 공허한 구호가 아닌 직접적인 경제 가치로 이어질 수 있다는 믿음을 공유하게 된 것이다.

그러나 이러한 2차원적 접근으로 도시의 문제를 해결하는 데는 분명 한계가 있다. 건축과 건축들이 모여서 만드는 도시는 3차원의 공간이다. 이에 대한 접근이 표면적이라면 그 시도조차 소음과 쓰레기를 하나 더하는 정도에 머무를 위험이 있다. 예를 들어 도시에서는 상상할 수 없는 방음벽을 아름답게 색칠하고 재질을 달리해서 눈에 거슬리지 않게 만드는 시도는 상처를 치료 없이 감싸기만 하는 루체비스타이자 〈매트릭스〉의 파란 약이다. 마을버스를 예쁜 연두색으로 칠하는 것, 아파트 벽면을 그래픽으로 처리하는 것, 보기에는 아름답지만 사람들의 발걸음을 되돌리는 '걷고 싶은 거리'를 조성하는 것도 마찬가지다. 진통제와 같은 미봉책일뿐 사람을 담아내는 공간으로서 도시의 변화를 만들어내지는 못했다.

여기에 서울의 도시적 정체성에 관한 문제가 더해진다. 서울은 인구 천만의 메가 시티, 즉 거대 도시다. 지하철과 버스로 경계 없이 이어진 생활권을 합치면 인구 2천만을 상회하는 세계 최대 규모의 도시다. 오세훈 시장은 '디자인' '컬처노믹스'의 시정 구상을 구체화하기 위해 2008년 유럽 세 나라의 여덟 개 도시를 순방했지만, 이 기간 동안 방문한 '선진도시'들은 소읍 수준의 작은 도시가 대부분이었다. 독일의 에슬링겐은 인구가 10만이 채 안 되는 마을 수준이고, 스위스 바젤은 인구가 16만여 명 정도이며, 오스트리아의 그라츠는 30만 명이 되지 않는다. 서울의 한 개 구의 인구에도 한참 못 미치는 아기자기한 전형적인 유럽의 시골 도시인 것이다. 이는 '디자인 서울'이 서울이라는 메가 시티에 접근하는 방식을 단적으로 보여준다. 도시는 평면 디자인과는 다른 차원의 문제와 해법을 가지고 있다. 메가 시티의 문제와 해법은 중소 규모의 도시와는 분명히 다르다.

'뉴타운'이라는 정책은 서울의 모든 지역을 강남이나 분당 같은 아파트촌으로 만들겠다는 정책이다. 그러나 자연적 쾌적함의 이데올로기를 바탕으로 만들어진 정책이기 때문에 정치적으로, 경제적으로 모든 것이 잘된다 하더라도 로스앤젤레스 같은 도시를 만들 수 있을 뿐이다. 현실의 서울이 로스앤젤레스와 소읍 사이를 오가는 동안, 루체비스타나 디자인 서울 같은 가상 현실은 매트릭스의 촘촘한 그물망을 견고하게 하고 있다. 그리고 그 사이 서울은 아무런 자각이나 고통 없이 최악의 도시가 되어가고 있다. 서울에 필요한 것은 빨간 약이다. 소름 돋는 진실만을 보여주더라도 빨간 약을 용기 있게 삼킴으로써, 스스로 만들어낸 매트릭스에서 탈출해야 한다. 진실은 때로는 고통스러운 법이다.

아직, 서울은 도시가 아니다.

이 땅의 건축가들을 위한 변명

한국 건축은 위기에 처해 있다. 하지만 위기가 아닌 적이 있었던 가? 건축가들은 일감이 많으면 많은 대로 적으면 적은 대로 항상 위기에 몰려 있다. 더구나 건축뿐 아니라 모든 것이 위기인 시대에 살고 있다. 경제도 위기이고 인문학도 위기이며 한국 축구도 위기다. 예전에 이와 같은 주제의 강연을 제안받은 적이 있다. 굳이 위기를 강조하기보다는 도시의 문제를 거론하는 것이 동업자인 건축가들을 위한 변명이 될 수 있다는 요량으로 강연을 하기로 했다.

강연의 반응은 뜨거웠다. 부정적인 의미로 뜨거웠다. '서울은 도시가 아니다'라는 막장드라마 같은 주제에 젊은 청중들은 자기 자신에 대한 모욕으로 받아들이는 듯했다. 올림픽과 월드컵을 치러낸 이 도시가 어찌 도시가 아니라고 우기고 있는지 의아해했다. 세계화의 혜택으로 그들이 한 번쯤 다녀온 서구의 도시 또한 서울과 크게 다를 바 없는데 어찌 서울이 도시가 아니라고 말하는지 선뜻 수긍하지 못했다.

"도대체 어떤 이유로 그런 생각을 하게 되었나요?"

다소 무례하다 싶을 정도의 적대적인 질문이 이어졌다.

"언제라도 손쉽게 고칠 수 그런 사소한 것들에 시비를 거는 건, 좀 지엽적인 얘기 아닌가요?"

그렇다! 지엽적이고 사소한 몇 가지를 가지고 인구 천만이 모여 사는 서울을 도시가 아니라고 우기는 것은 억지스러워 보인다. 그러나 사소한 것이 더 중요할 수 있다. 건축가 미스 반데어로에 Mies Van der Rohe는 '신은 디테일에 있다'고 말할 정도였다. 더구나 그 사소한 것들이 단순히 사소함에 그치는 것이 아니고 깊은 병의 징후라면 더욱 중요하다.

서울이 도시가 아닐지 모른다고 생각한 것은 맨해튼의 거리에서 우연히 마주친 호세를 만난 기억 때문이었다. 아는 사람으로 치자면 서울이 훨씬 많겠지만, 서울에서 경험하지 못한 우연한 만남은 걷는 장소로서의 도시를 다시 생각하게 했다. 걷기는 도시라는 공적 공간을 즐기고 공동체에 참여하는 가장 중요한 방식이다. 벤야민 Walter Benjamin은 "도시는 이야기책이며 걷기라는 언어로서만 해독이 가능하다"고 했다. 《걷기의 역사》의 저자인 솔닛은 "도시를 점유하는 방식은 걷기"라고 단언한다.

그러나 서울에서는 걷는 것보다 자동차에 갇혀 있는 시간이 더 많고 걷기는 기껏해야 '둘레길'이나 '성곽길'을 만들어 그 위를 걷거나 러닝머신 위를 끝없이 걷는 것뿐이다. 아파트 주차장에서 직장까지 자동차로 이동하고, 자동차로 쇼핑하는 생활 패턴에서 '도시'는 그저 불편하고 혼잡한 장애물로 받아들여질 뿐이다. 걷기가 어렵다는 사실 하나만으로도 서울은 도시가 아닐지 모른다.

여기에 자주 겪는 불쾌한 경험이 더해진다. 내가 몸담고 있는 대학에는 15층 높이의 건물이 있다. 한 층 면적이 5백 평이나 되고 복도가 넉넉하게 있어서 강의실이나 연구실을 합치면 상주인구가 웬만한 시골 마을 주민 수는 될 법한 대규모 건물이다. 처음엔 두 개밖에 없던 엘리베이터가 턱없이 부족해서 두 개를 더 놓고 외부로 전망 엘리베이터까지 놓았지만 수업이 몰리는 시간이면 시골 장터같이 변하고 만다. 최대 수요에 맞추느라 엘리베이터를 여러 대 설치하긴 했지만 대부분의 시간엔 한적하다. 꼭대기 층에 있는 연구실을 오가다 보면 당황스런 일이 벌어지게 마련이다.

대개 남학생과 단둘이 엘리베이터를 탔을 때 생기는 일이다. 엘리베이터가 도착하고 사람들이 내리면 어디선가 달려와서는 먼저 안으로 들어간다. 분명히 내가 먼저 도착해서 기다리고 있었음에도, 줄이 긴 것도 아닌데 뭐가 문제냐는 듯이 어깨까지 툭 치고 먼저 엘리베이터를 탄다. 문이 닫히면 길지 않은 둘만의 여행은 적의로 가득 차 있다. 휴대전화기를 열어 내용이 없다는 것을 확인하고는 뚜껑을 힘껏 닫고는 아랫입술을 내밀어 앞머리가 날리도록 위를 향해 한숨을 내쉰다. 위아래로 나를 훑어보고는 이유 없이 험상궂은 표정을 지어 보이기도 한다. 몸집을 애써 부풀리며 전투를 준비하는 수탉의 모습이 따로 없다. 이 무례함은 어디서 오는 것일까? 타는 순서를 양보해도 모자랄 판에 새치기를 하더니 한참 나이 많은 사람을 노려보며 겁을 주거나, 아니면 적어도 자신이 겁을 먹지는 않았음을 굳이 표현해야 하는 이유가 뭘까?

여기까지는 예의 없는 젊은이의 치기 정도로 생각할 수 있지만 이해할 수 없는 일은 계속된다. 침묵을 깨고 엘리베이터의 문이 열리고 들어선 사람이 그 학생의 같은 학과 교수라면 학생은 돌변한다. 동방예의지국의 학생으로 되돌아간다. 선하디선한 눈망울로 자신의 스승을 바라본 뒤, 두 손을 모아 조아리고 고개를 약간 숙인 채 다시 문이 열리기만을 기다린다. 도착 후에는 문을 잡고 스승이 내리기를 기다렸다가 허리를 굽혀 깊은 인사를 한다.

그 학생의 스승에 대한 예의가 가식이라고 생각하지는 않는다. 하지만 그 스승의 동료인 나에 대한 태도는 어떻게 설명해야 하나. 같은 과 교수는 그림자도 밟을 수 없는 스승이지만, 같은 대학의 교수는 적의를 드러내도 되는 타인이며 이방인인 걸까. 그 학생뿐 아니라 나 자신도 그 학생을 타이르거나 말을 건네지는 않는다. 같은 학교의 교수와 학생을 '우리'의 범주에 넣지 않을 만큼, '나' 또는 '우리'에 대한 범주가 극도로 축소되어 있는 것이다. 도시는 공적 영역과 사적 영역 사이에 형성되는 커뮤니티, 즉 '공유 공간'이 핵심이다. 공유 공간에서 새로운 라이프스타일이 만들어지고 새로운 종류의 활기와 창조력이 생겨난다. 이렇듯 사소하게 보일지는 모르지만 엘리베이터에서의 불쾌한 만남은 건축적, 도시적 문제와 놀랍게 닮아 있다. 건축은 사회의, 시대의 거울이기 때문이다.

우선은 엘리베이터라는 새로운 종류의 공간에서의 예절이 아직 생겨나지 않은 것이다. 좁고 밀폐되고, 일시적인 공간에서 두 사람이 같이 시간을 보낼 때 간단한 눈인사와 같은 나름의 예절 규범 등이 없는 것이다. 이는 일종의 문화지체 현상으로 다른 도시의 문제 또한 이 범주에 속한다고 볼 수 있다.

문화지체란 문화의 각 영역 간에 발전의 속도가 다르다는 것이다. 예를 들어 물질문화는 빠르게 발전하는 반면에 비물질문화가 이를 수용하는 데 더딘 현상을 말한다. 자동차가 발명되고 대량으로 생산되기까지 시간은 얼마 걸리지 않았지만, 자동차 문화가 생겨나고 일반화되기까지는 훨씬 더 많은 시간이 걸린 것과 마찬가지다. 휴대전화가 보급된 지 10년이 넘었지만 아직 공공장소에서 예절이 확립되지 못한 것도 좋은 예다.

도시화는 문화지체 현상의 대표적 사례다. 농경을 기반으로 하는 사회에서 급격하게 도시로 생활의 중심이 이동되기는 하였지만 이를 수용하는 문화의 적응 속도가 이에 미치지 못하는 것이다. 몸은 성인이 되었지만 정신적으로 성숙하지 못한 청소년기처럼 기술과 정신이 조화를 이루지 못하는 상태를 말한다.

여기에 한국만의 특이한 상황이 더해진다. 급격한 산업화와 현대화를 동시에 경험한 한국에서는 문화지체는 또 다른 양상을 보인다.

이른바 '비동시성의 동시성'이라는 형용 모순적 개념이다. 이는 독일의 역사인류학자 리하르트 반 뒐멘Richard van Dülmen이 1930년대 독일사회를 설명하기 위한 개념이었다. 근대화가 진행되는 과정에서 속도에 차이가 생기게 마련이고 그 결과로 전근대, 후근대의 징후들이 공존한다는 것이다. 특히 식민시대를 거치고 전쟁과 급격한 근대화를 이룬 우리나라에서는 여러 사회현상을 효과적으로 설명하고 있다. 영문학자 도정일 교수는 한국인은 의식과 태도가 분열되어 있으며 이를 '두 개의 다른 시간대를 가리키는 시계'에 비유했다.

> 한국인은 두 개의 시계를 차고 있다. 하나는 전근대의 시간에 멈추어진 왕조의 시계이고, 다른 하나는 무섭게 내달리는 현대의 시계다. 어떤 때는 왕조의 시계에 맞춰 행동하고 어떤 때는 현대의 시계에 맞춰 행동한다.
>
> _도정일, 《대담》, 휴머니스트, 2005, 47쪽

경제학자 장하준 교수는 우리나라를 백화점 주차표 발매기 옆에 서 있는 안내원을 예로 들어 설명한다. 즉, 후진국에서는 자동주차 발매기를 도입할 여건이 갖추어져 있지 않아서 사람이 일일이 주차권을 나누어준다. 반면에 인건비가 비싼 선진국에서는 기계를 도입하는 것이 훨씬 경제적이라는 것이다. 그러나 한국에서는 이 두 가지가 동시에 존재하는 모순적 상황이 발생한다는 것이다.

조명래 교수는 서울이 직면한 딜레마의 본질은 대도시의 일상적

인 관계에 있다고 말한다. 그 이유로 외양적으로 서울은 이미 세계적인 규모의 도시로서 그 도시 형태는 근대화된 면모를 자랑하고 있지만, 일상적인 삶에서 드러나는 행태와 의식은 여전히 전통적인 가치와 태도를 바탕으로 하기 때문이라고 말한다. 인도에 주차를 하는 것, 도시의 경관은 외면하고 방음벽을 둘러대는 것, 도시에 살면서 전원에서나 맛볼 수 있는 자연의 혜택을 모두 누리려는 태도. 이 모든 것이 도시에는 있을 수 없는 우리만의 문화지체이며, 도시와 공존할 수 없는 '비동시성의 동시성'이다.

처음 뉴욕으로 유학을 떠나던 1987년, 서울에는 맥도널드 햄버거 가게도 없었고, 자동차가 많지도 않았으며, 마시는 물을 사 먹는 일은 중동 국가에나 있는 일인 줄 알았다. 다 큰 남자가 반바지를 입고 거리를 다니는 것도 그리 흔한 풍경이 아니었고, 염색이나 귀걸이는 더욱 그랬다. 멀티플렉스 시네마는 그 존재 자체도 몰랐고, 대신 암표가 있었으며 쇼핑몰은 발음조차 낯설었다. 게다가 인터넷이나 휴대전화, 환경 문제 같은 전 지구적인 변화 또한 함께 겪었다. 모든 문화와 문명의 진보를 거의 한 세대 안에 거친 우리의 경험은 도시의 문제에 있어서 문화지체와 비동시성의 동시성이 더욱 혼란스럽게 있을 수밖에 없는 일이다.

문화지체는 그 말처럼 단지 지체되고 있을 뿐이다. 언젠가는 완벽한 도시로 진행되고 그에 맞는 도시 문화의 전진 또한 이루어질 것이다. 그러나 아파트를 짓고 뉴타운을 만들고 재개발을 하는 일을 거듭하면서 도시에 다가갈 것을 기대하는 것은 너무나 긴 과정이다.

이미 그 과정을 거친 선진국들의 사례처럼 몇백 년, 몇 세대가 걸릴지 모르는 일이다. 다만 그 기간을 한 세대라도 앞당기고 10년이라도 줄이려면 도시에 대한 오해와 편견을 버리고 진정으로 달콤한 도시를 만드는 일을 해야 한다.

만 열 살이 되던 해부터 나는 서울에서 살기 시작했다. 서울은 학창 시절의 대부분을 살아온 터전이었고, 이후로 뉴욕을 오가며 공부와 일을 하는 동안에도 내 무의식과 의식은 항상 서울을 향하고 있었다. 그러나 그 회귀의 본능은 도시로서의 매력보다는 사람의 관계가 갖는 영향이 더 큰 듯하다. 뉴욕에서도 좋은 사람들, 인연, 은인을 만났지만 서울의 친지와 친구들에 대한 애틋함과 그리움은 지울 수 없었다.

뉴요커들이 부러운 이유는 화려한 도시에서 살기 때문이 아니라 그들의 도시, 그들의 마을에 살기 때문이다. 뉴욕에 온 첫해부터 알고 지낸 건축가 친구 배질이 있다. 그는 다섯 살 때 미국으로 이민 온 우크라이나 출신으로 이스트빌리지에서 평생을 살아왔다. 그는 전시회를 보기 위해 메트로폴리탄박물관을 방문하는 것 외에는 평생을 여섯 블록 안에서 모든 것을 해결하며 살아왔다고 과장 섞인 푸념을 하곤 했다. 덕분에 배질과 함께 거리를 걸을라치면 한 블록을 걷는 동안 수많은 직종의 사람들을 순식간에 만나게 된다. 우편배달부, 약국, 푸줏간, 식당, 구멍가게 주인들……. 지나는 길에 만나는 이웃들과 한마디씩 건네고 안부를 묻고 참견을 하느라 혼자 걸을 때보다 서너 배의 시간이 걸린다. 이제 환갑이 다 돼가는 배질은 자신의 마을에서 떠나는 것을 상상할 수 없다며 은퇴 후에도 여섯 블록을 벗어나지 못하리라고 자랑 같은 불평을 늘어놓는다.

배질은 여가를 박물관에 가거나 자신의 밀실에 틀어박혀 여행 책에 밑줄을 그으며 세계를 여행한다. 자동차도 휴대전화도 없고 풍족하지는 않지만 인생을 넉넉하게 관조하는 듯한 배질의 일상이 부러웠던 나는 서울로 돌아가면 그렇게 살아보리라 맘먹었다. 그러나 귀국 이후, 서울에서의 생활은 기대했던 것과는 너무도 달랐다. 거리와 건물이 많이 달라져 있었지만, 그것을 발전이나 개선이라고 보기에는 어려웠다. 더구나 뉴욕에서 부러워했던 그런 '이웃'이 없었다. 같은 언어를 쓰는, 같은 민족의 이웃이지만, 이웃은 이웃이 아닌 무심하게 지나치는 주민일 뿐이었다. 쾌적한 아파트에 사느라 버스정류장에서부터 비탈진 길을 지루하게 걸어야 하고, 시내에서는 인도를 걷는 것이 불편하고 힘겨워서 대중교통은 오래전에 포기했다. 같은 아파트에서 5년을 살았지만 같은 층의 이웃과도 어색한 목례를 교환하는 것이 전부다.

나는 거리의 아파트에 살고 싶다. 비좁더라도 거리를 정원으로 응접실로 삼고 살고 싶다. 내가 알고 나를 아는 이웃이 있는 동네에 살고 싶다. 거리에서 해찰하고 교류하고 사랑하는 도시의 삶을 살고 싶다. 그래서 아이가 자랐을 때 건물마다 얽힌 얘기를 들려주면 그 얘기가 불어나고 불어나서 도시의 전설이 되지 않을까?

도시는 인류가 가지고 있는 문제를 해결하기 위해 생겼고 유지되고 있으며 앞으로도 그러할 것이다. 그 과정에서 새롭고 특이한 도시 문화가 탄생했다. 도시는 이제 인류의 마지막 고향이며, 따라서 서울은 우리의 고향이다. 도시적인 삶의 태도, 건축의 태도는 농경시대부터 가지고 있던 자연의 혜택을 유보하거나 절제하는 것이다. 하지만 이는 무조건적인 희생이 아니라 그 대가로 새로운 공공의 선이 생겨나고, 이는 구성원 모두에게 더 큰 혜택으로 돌아간다는 깨달음에서 비롯한다.

서울은 이제 잠시 머무르는 타향살이의 장소가 아니다. 서울을 진정한 도시로 만들 때, 기억의 장소로 영원히 살아남는 진정한 우리의 고향이 될 것이다.

도시다운 도시, 서울을 꿈꾸며

추천사를 써달라는 부탁을 받고 조금 망설였다. 아무리 고등학교 1학년 때까지 건축가를 꿈꾸었다고는 하지만 문화인류학자가 건축가가 쓴 책의 추천사를 쓰다니……. 불안한 마음으로 원고를 받아 읽다가 나도 모르게 빨려 들어가 그 자리에서 끝까지 읽어버렸다. 아하……. 왜 내게 쓰라고 했는지 알 것 같았다. 건축을 이야기하고 있는 책이지만 문화에 대한 예리한 관찰과 깊은 통찰을 담고 있었다.

《서울은 도시가 아니다》는 일단 제목부터 생뚱맞아 보인다. 그러나 책을 읽어가면서 '맞아, 맞아, 정말 그래. 내가 어렴풋이 느꼈던 것이 바로 이것이야' 하며 몇 번이나 맞장구를 치게 된다. 그리고 책을 덮고 나면 중얼거리게 된다. '서울은 정말로 도시가 되어야 해'라고…….

늘 그렇듯이 읽을 것을 받으면 일단 한번 페이지를 차르르 넘겨보는 버릇이 있다. '걸어야 비로소 도시가 탄생한다'는 1장 제목은 평소 공감하던 이야기라 그래, 그렇지 하면서 그냥 넘어가려다가 한동안 걸어보았더니 너무나 힘들더라는 이야기에 잠시 멈추고 깊이 공감

한다. 몇 장 넘기다가 '마을버스는 정감 어린 '마을'을 없애고 있다'는 이야기에 마음속으로 박수를 보낸다. 나는 '인도에 주차를 하는 야만적인 행위부터 규제하는 것이 디자인 거리 조성의 첫걸음'이라는 말에 '옳소!' 하고 속으로 외치다가 방음벽으로 둘러싸인 학교에서 아이들은 '부모도 살아본 적 없는 따뜻하고 푸근한 고향을 교과서에서 배운다'에 가슴이 아려온다.

그러다가 드디어 핵폭탄 같은 발언을 만난다. '대한민국 대표 도시 서울을 매력 없고 불편하고 삭막하다고 느끼게 하는 데에는 역설적으로 '쾌적함'과 '자연'이 큰 역할을 한다'는 주장이다. 도시는 태생적으로 반자연적 공간인데, 도시를 열등한 자연의 형태로만 보기 때문에 문제가 발생한다는 것이 이유란다. 도시의 문제라고 생각되는 것들은 대체로 자연 이데올로기가 문화의 영역에, 도시의 문제에 침투한 것으로 도시의 본질과는 무관하며 서울은 푸르른 녹지가 없어서가 아니라, 도시 되기에 실패해서 생기는 문제가 훨씬 더 많다고 지적한다.

건축가 이경훈 교수는 명쾌하게 진단한다. 서울이 안고 있는 여러 문제들 가운데 상당수는 서울이 도시답지 않기 때문이라고. '자연이 자연다워야 하듯 도시는 도시다워야' 하지만, 안타깝게도 우리의 서울을 디자인하겠다는 사람들은 서울을 도시답게 만들기보다는 어떻게 하면 도시답지 않게 만들 수 있을까 고민하는 것 같다.

'그래! 바로 이거야!' 하고 속으로 외친다.

내가 어렴풋이나마 느끼고 있던 것이 바로 이것이었다. 서울의 문제 가운데 많은 것들은 도시다운 도시를 만들려는 노력과 안목의 부족 때문이었던 것이다. 넓고 납작한 플라스틱 화분에 꽃을 가득 담아 광화문 네거리에 놓는 것이 그리도 싫었고, 콘크리트로 만든 '무늬만 나무'인 벤치나 쓰레기통이 그렇게 싫었고, 마음을 굳게 닫아건 정치인들이 만들어낸 광장이 그렇게 싫었는데…… 그랬다! 종로에는 사과나무를 심어보자던 노래가 담고 있던 건 사탕발림, 아니 말도 안 되는 사기였다는 생각이 들었다. 도시가 도시가 아닌 척하는 위선, 그런 가식에 힘을 쓰거나 혼을 빼앗기고 정말 해야만 할 것을 안 하는 것이 싫었던 것이다.

오랫동안 단지 싫고 불쾌하던 것들, 단지 흐리멍덩한 불만에 불과했던 것들에 대한 명확한 진단이 내려지는 순간이었다.

마치 해묵은 병의 이름을 처음으로 알게 된 사람처럼 기쁘고 반갑고 그리고 분한 마음(이걸 왜 이제야 알게 되었을까?)이 《서울은 도시가 아니다》를 단숨에 읽게 했다. 그 속에는 저자의 다양한 삶의 경험과 예리한 관찰, 문화에 대한 깊은 고민과 해박한 지식, 그리고 무엇보다도 서울에 대한 사랑과 안타까움이 짙게 배어 있었다. 또한 유머와 재치와 감정도 풍부하다. 전쟁이나 천재지변에도 종업원들이 안심하고 샤워를 할 수 있는 고속도로 휴게소를 설계한 사연을 읽다가는 '하하' 소리 내어 웃기도 했고, "어째서 영화 속 미래도시는 항상 동양을 배경으로 하는지 그제야 알 듯했다"는 글귀에는 무릎을 치기도 했다. "축축 늘어지는 여름에 매연을 뒤집어쓴 담쟁이넝쿨을 보면 미안해서 마음이 처연해진다"는 대목 등에서는 문학적 감수성에 감탄하기도 했다.

《서울은 도시가 아니다》는 서울을 사랑하는 사람들에게 꼭 읽어보시라고 권하고 싶은 책이다. 또한 도시 문제를 다루는 사람들에게는 강권하고 싶다. 물론 책을 읽는다고 견해가 쉽게 바뀌기를 기대하는 것은 순진한 일인지도 모른다. 그럼에도 도시를 디자인하겠다는 사람들에게만큼은 꼭 읽어보라고 권하고 싶다.

이런 좋은 책을 남들보다 한발 앞서 읽을 기회를 주신 이경훈 교수와 출판사 관계자들께 감사드린다. 앞으로도 좋은 글과 설계로 서울을 정말로 도시다운 도시로 가꾸어나가는 일에 힘써주실 것을 부탁드린다.

2011년 6월
한경구(문화인류학자, 서울대 자유전공학부 교수)

Contributor's Photo

이경훈
디지털건축
스튜디오

이재현

Ed Yourdon

Ian muttoo

Mark z

Prodromos
Sarigianis

김보화

문성원

Trey Ratcliff

dolmang

Kooklane-
kookle

서울은 도시가 아니다

첫판 1쇄 펴낸날 2011년 7월 7일
7쇄 펴낸날 2018년 5월 31일

지은이 이경훈
발행인 김혜경
편집인 김수진
책임편집 김교석
편집기획 이은정 조한나 최미혜 김수연
디자인 박정민 민희라
경영지원국 안정숙
마케팅 문창운 노현규
회계 임옥희 양여진 김주연

펴낸곳 (주)도서출판 푸른숲
출판등록 2002년 7월 5일 제406-2003-032호
주소 경기도 파주시 회동길 57-9번지, 우편번호 413-120
전화 031)955-1400(마케팅부), 031)955-1410(편집부)
팩스 031)955-1406(마케팅부), 031)955-1424(편집부)
www.prunsoop.co.kr

ⓒ이경훈, 2011
ISBN 978-89-7184-860-9(03300)

이 도서의 국립중앙도서관 출판시도서목록(CIP)은 e-CIP 홈페이지(http://www.nl.go.kr/ecip)와
국가자료공동목록시스템(http://www.nl.go.kr/kolisnet)에서 이용하실 수 있습니다. (CIP2011002602)